I0750379

NOTAR
Ensayando la autoobservación

NOTAR

Ensayando la autoobservación

CLAUDIA ELENA PADILLA

Notar: Ensayando la autoobservación

Primera edición: 2026
ISBN: 978-607-29-7659-7

Diseño editorial y maquetación: Claudia Elena Padilla.

Para más información sobre la autora y su trabajo:
Sitio web: **autoobservacion.com**

A la **presencia**, que me sostiene sin nombre.

Al **amor**, que no exige.

A la **vida**, que integra de mí todo
en confianza absoluta.

A la **atención**, por mostrar en lo sutil
lo que es poderoso.

A quienes han sido **espejo**, aun sin saberlo.
Y a quienes lo saben, y se comparten conmigo.

A **mí**, por atreverme.
Por aprender a mirarme, abrirme a notar.

Y a ti, **Toño**…
Por cuidarte en lo profundo,
para poder encontrarnos más allá de nuestras historias,
mientras el silencio nos encuentra,
donde ya no hace falta entender.

Nota para el lector: "Cada **práctica** inicia con la secuencia *Notar* acompañada de una ilustración que abre la experiencia".

ÍNDICE

INTRODUCCIÓN

Pausar el instante

Esto no es un método, ni una técnica, y mucho menos un dogma.

Llegó a mí como un ensayo —en el sentido más amplio de la palabra—: una invitación a notar. Y al notar, a mirar distinto, a abrir espacio, a cuestionar lo que parecía obvio, a permitir nuevas respuestas. A explorar sin buscar, a sentir sin explicar, a dejar ser, a no intervenir. A atreverme a verme, a aceptarme tal como soy. A simplificar sin reducir, a permitir lo que es, a dar permiso al movimiento y a la flexibilidad. A integrar el sí y el no, el blanco y el negro, lo que toma forma y lo que se disuelve. A dejarme en paz, y dejar en paz al otro. A vivir, simplemente, la experiencia.

Acompañar la interpretación o el razonamiento que se activan por costumbre, sin negarlos, sin abandonarlos. Estar con lo que late, con lo que se mueve en la tripa, en la sangre, en el pulso. Con lo que emana tal cual, en crudo.

Notar no implica buscar mejoras, sanaciones ni mayor entendimiento. De hecho, han sido esos impulsos —los de querer cambiar, arreglar o comprender— los más confrontadores de observar en mí. Notar es algo más sencillo, y a la vez más radical: permitir que la vida se muestre, observarla, ser testigos de lo que es.

Estar presente ante lo que ocurre requiere entrenamiento, disciplina, voluntad: un ajuste continuo de la atención. Tan solo pausar un instante, este instante. Notar la falta de costumbre de abrirnos a los aspectos más amplios de la realidad, a lo intangible, y observar cómo estos se manifiestan a través de nosotros mismos. Ver la tendencia a acercarnos a los conceptos como algo que debemos alcanzar o poseer, incluso creer que nos poseen, en lugar de habitarlos desde la experiencia. No es lo mismo correr tras la tranquilidad —y querer hacerla nuestra, fijarla, retenerla— que estar presentes cuando la tranquilidad, la paz, la ira o cualquier otra experiencia nos visita. Estuve ahí significa haber habitado el concierto de la vida, no solo haber estado pendiente de su grabación.

La presencia muestra y devela, en instantes, la propia suficiencia: esa capacidad implícita de sostener y contener lo que es. Como en la música, donde el silencio entre nota y nota es necesario para el ritmo, la pausa y la coherencia. La presencia se muestra poderosa, elegante y suave. Tanto, que al experimentarla llega como un regalo la validación de la vida tal como es. Desde ahí la aceptación sucede, no se fuerza. El perdón se revela, no se entiende.

Distinguir entre el silencio vacío, que repara, que permite, y los otros silencios: los que gritan sofocados, los que se utilizan para huir, los que nacen del miedo, de la parálisis, de la amenaza o de antiguas distorsiones. Notar es conocer: ¿Qué experiencias nos llevaron a temer al silencio verdadero? ¿Qué creencias se instalaron, tan hondas, que preferimos ese otro: el falso silencio, el que encubre, el que no contiene, el que alimenta al ruido, aunque estemos solos? ¿Qué hay en el verdadero silencio que parece tan insoportable, si es justamente ahí donde la música puede volver a sonar?

Este ensayo se revela en la constancia, en la pausa del vivir diario. No se ha quedado solo en lo íntimo. Ha florecido al compartirse en compañía, como una forma distinta de habitar la vida cotidiana. No desde la exigencia, sino desde la claridad. No para alcanzar algo, sino para ver lo que ya está. Como en todo ensayo, hay momentos de claridad y otros de duda; de consistencia e inconsistencia en la práctica. Pero la presencia siempre espera, al ritmo de cada uno, entre intenciones y resistencias que se entrecruzan.

He observado cómo la manera en que miramos transforma lo que vemos. Lo he vivido. Lo he visto en otros.

Bienvenido(a). Estás invitado(a) a ensayar.

Notar sin corregir de inmediato

Lo que he notado en mí, una y otra vez, es que cuando me quedo demasiado tiempo —y subrayo la palabra demasiado— algo dentro de mí empieza a tensarse. Me gusta profundizar, lo necesito. Por eso me he quedado el tiempo suficiente en muchos espacios: diez años dando clases de yoga, otros diez en Zhi Neng Qi Gong, dos trabajando en recursos humanos, una titulación en contaduría pública, otros más explorando el mundo de las microdosis, las plantas, las flores de Bach, la hipnosis, el inconsciente. Dos décadas caminando con la psicosomática, entrando y saliendo de técnicas, teorías, escuelas. Absorbo. Practico. Me entrego.

Pero llega un momento en que algo dentro de mí se enciende —una especie de botón silencioso que me dice: es hora de moverme—. Entonces cambio de lentes. No para desechar lo aprendido, sino para poder integrarlo. Porque si me quedo más tiempo, siento que me pierdo en ello. Me fragmento. Dejo de ver la amplitud. Me gusta conectar opciones, integrar áreas de conocimiento, observar patrones. Intento no solo consumir información, sino desarrollar la capacidad de implementarla de forma creativa y continua. Oscilo entre la curiosidad de aprender y el deseo de practicar, involucrando el cuerpo, la mente y el alma.

He llevado muchos lentes. He cambiado la forma, el foco, la técnica, el maestro. Pero lo que se muestra sigue siendo lo mismo, incluso en el arte, solo con distinto lenguaje: la historia personal, el guion aprendido. Lo único que ha cambiado es que ahora me atrevo a verlo. A hacer preguntas concretas y dejar espacio para las respuestas. A abrirme, desde ahí, a nuevas posibilidades.

Noto que cuando huyo o me peleo con eso, termino cayendo en los mismos viejos vicios. Dar espacio a lo que es, ha transformado mi relación con la historia personal. Con el guion.

Comencé buscando respuestas. Supongo que nacemos con esa tendencia a estar bien. Un camaleón es lo más evidente que puedo sugerir para ello: conforme se mueve de entorno cambia, se paraliza si es necesario. En la infancia, como es común, busqué bienestar con lo que tenía a mano: encajando, compensando, reparando, adaptándome. En su momento, esas fueron mis respuestas. Por imitación o por supervivencia. En mi caso, fue en la adolescencia cuando esa adaptación empezó a romperse en forma de rebeldía. Y cuando las respuestas de los adultos ya no alcanzaban a sosegarme, me vi frente a la necesidad de indagar qué era lo que, en lo profundo, me estaba inquietando.

Irónicamente —y sin advertirlo— comencé en casa. Justo ahí, donde más incomodaba, apareció el primer umbral: un trío de libros que me sirvieron de barca para comenzar el viaje. Para mi suerte, y para mi formación, eran libros de práctica y lectura. Los repasé una y otra vez. Había una certeza sorda: tenía que moverme. Y con ella, un impulso muy antiguo —propio de las especies en evolución— que no pregunta, solo actúa. Saca pelos o escamas donde se requiere, para proteger la vida. Había historias, guiones familiares y culturales que, en su momento, protegieron la vida, pero que ahora la asfixiaban. Como todo cambio de piel, dolía, incomodaba. Pero la evolución no pide permiso. Sucede.

Al inicio, mis movimientos no fueron estratégicos. Fueron desordenados y vulnerables, impulsados por las expectativas y el miedo. También por las ganas de saber y una inocencia de fondo. Me moví con los recursos adquiridos en mi sistema familiar —los que reconocía como valiosos— y también con una mezcla de reclamo y falta de aprecio hacia lo que sentía que no había funcionado. A eso se sumaba la fuerza de la especie, la resiliencia humana. Como pude, y con lo que tenía —consciente o no—, entré en acción. Me arriesgué a entregarme a cada método, a cada teoría. Me abrí al aprendizaje con instructores y mentores que sabían lo que sabían. Aprender a discernir y cuestionar sigue siendo parte del camino. Talleres, terapias, certificaciones. Una cosa llevó a la otra. Agradezco lo recibido, incluso cuando yo aún no tenía claro qué buscaba ni cómo integrarlo.

El amor propio no siempre venía incluido en los encuentros con los referentes del camino. Ahí aprendí la gran tarea que como humanos tenemos. He requerido desvelarlo por mí misma, a ratos en compañía y otros en soledad, a veces con valentía, otras con cansancio, casi siempre con dudas. Y aun así, ha sido un eje motivador: un proceso, más que una certeza. La autoobservación unida a amar(me) no ha sido automática. He requerido revisarme sin juicio. He decidido preguntarme con honestidad: ¿esto que hago es cuidado… o es miedo? ¿Es control aprendido, o presencia disponible? Desaprender lo adoctrinado disfrazado de amor propio —si es que el amor puede realmente dividirse en propio o ajeno; quizá solo sea una forma de hablar— ha sido un acto de voluntad y de compasión. Como acompañar a una niña que apenas aprende a habitar el mundo, desde lo más básico. A veces me reconozco con ternura, a veces con vergüenza, y en ambas, me vuelvo hogar. Amarme —en presente— es acompañarme humana. Es liberarme humana.

Notar, para mí, es el perfume sutil que surge de la práctica. Como una esencia que aparece cuando dejas de recolectar y mirar solo las flores. Una fragancia que no se fabrica: se destila. Surge en el camino. En mi caso, después de años de buscar, estudiar, esforzarme... y de pronto, sin darme cuenta, siempre había estado ahí. Ese perfume es la autoobservación. No como técnica ni como deber, sino como un efecto natural de haber estado presente conmigo misma, una y otra vez.

Durante mucho tiempo seguí "consiguiendo": libros, cursos, títulos, tendencias, caminos espirituales y psicosomáticos. Todo me dejó algo valioso, sí... pero también una sensación de demanda interminable. Hasta que empecé a valorar más ese algo que siempre estaba presente cuando aparecía la claridad. Ese algo no eran las herramientas. No eran los títulos. Era la capacidad de mirar, con honestidad, lo que estaba pasando, de estar presente y con respeto. Ya fuese en la intimidad de mis procesos, en los espacios de acompañamiento o en la interacción con la vida ordinaria.

No fue una gran revelación de un día. No hubo luces ni coros. Solo estaba ahí, en medio de lo cotidiano, dándome espacio para estar presente. Notaba —con una paz nueva— cómo mi atención saltaba del pasado al futuro como un cachorro inquieto. Un cachorro al que le están saliendo los dientes: necesita mordisquear, explorar, probar. Construir su mordida, afinar su instinto. Entonces pude ver las tensiones internas: la espontaneidad confundida con descontrol, el impulso a explorar enfrentado a creencias que pedían cautela. Algunas convicciones lo limitaban, otras lo nutrían. Todas convivían en mí. La mordida, antes corregida por otros sin mucha explicación ahora era auto juzgada. Yo misma aplicaba la corrección heredada. En el mismo lugar convivían: la curiosidad, el freno, la libertad, la domesticación, lo espontáneo, el ruido. Como si la exploración me alejara del camino, cuando en realidad era parte del camino. Pero lo olvidaba, una y otra vez. Lo descubrí notándolo, no peleando con ello. No hay contra qué luchar, aunque el enemigo se proyecte de múltiples formas en lo cotidiano. La confusión no era mía: era el eco de las creencias que me habitaban sin que yo las notara. Y, aun así, algo en mí ya estaba observando. Y eso hacía toda la diferencia.

Ese pequeño gesto —notar sin corregir de inmediato— fue el inicio de una transformación más grande de lo que imaginaba. Noté los movimientos de mi atención: pasaba del juicio a la expectativa, de la culpa al deseo, y ese movimiento invisible teñía todo lo que vivía. Cuando lo hacía desde el juicio, todo se volvía juicio. Cuando emergía desde la autoobservación, se teñía de claridad.

Comprendí que los patrones, la cultura, las polaridades están ahí… pero que existe una forma de elevarse. Como dice Un curso de milagros, "por encima del campo de batalla". A veces, basta con subir a la copa del árbol para ver con perspectiva. No cambia la situación. Cambia desde dónde la observo. Poco a poco fui comprendiendo que aprender herramientas no es lo mismo que reconocer su alcance. Las herramientas pueden ser poderosas, sí, pero también limitadas. Como las notas musicales: con ellas se componen melodías capaces de conmovernos, sostenernos, transformarnos. Hay muchos géneros, muchas formas… y, sin embargo, todas parten de las mismas siete notas. Así también ocurre con los guiones de vida: múltiples historias, múltiples mapas. Algunos de ellos han inspirado el nacimiento de herramientas que, como la música, buscan acompañar al ser humano en su complejidad.

Pero hay algo que no siempre se enseña: el silencio entre las notas. Ese espacio que no es técnica, ni fórmula, ni método. La presencia no vive en la herramienta, sino en lo que ocurre cuando dejo de aferrarme a ella, a soltar lo que pretendo arreglar con ella. Es ese entre, donde algo esencial se asoma. Hoy intento conectar con eso: no solo con lo que hago para mirarme, sino con lo que sucede cuando me dejo ver. Notar. Observar cómo miro lo que miro.

Desde ese gesto —pequeño, cotidiano, sostenido, poderoso— nace la práctica. Y también la inspiración de este libro: ensayar formas nuevas de estar. No como una meta espiritual ni intelectual, sino como una forma concreta de habitar la vida que ya está ocurriendo.

No escribo para enseñarte nada que no sepas. Escribo para recordarnos —a ti y a mí— que nuestra atención tiene poder. Y que la manera en que la usamos lo cambia todo: cómo vemos el mundo, cómo nos tratamos, cómo nos sentimos.

Una vida se ensaya

Esto no es una fórmula.
No es teoría.
Es una invitación.
A ensayar.
A fallar.
A volver a mirar.

Notar no es entender.
Es detenerse.

La atención cambia el mundo sin tocarlo.
El pensamiento me arrastra.
La atención me devuelve.

En la copa del árbol, se ve distinto.
No más verdadero. Solo más amplio.
Una misma escena.
Otra altura.
Otra mirada.

La búsqueda comienza con una incomodidad.
Y termina en presencia, que siempre estuvo ahí.

Acerca del amor propio:
no lo heredamos.
Tampoco ellos.
Tampoco yo.

Apenas ahora,
lo vamos descubriendo a tientas,
nos estamos mirando
con duda y con ternura.

Notarlo ya es empezar a cuidarlo,
no para saber más,
sino para no huir de estar.

Amarme —en presente—
es no exigirme certezas.
Es quedarme.

Las técnicas fueron pétalos.
El perfume llegó cuando ya no las buscaba.

Todo lo que practiqué,
lo hice para no olvidarme de mí.
Y desde ahí,
empecé a compartir.

Compartir no es enseñar.
Es recordar juntos.

No planeé hacer de esto un proyecto.
No me propuse acompañar procesos,
descubrí que compartir no era enseñar,
es ensayar —juntos— este misterio de vivir.

La autoobservación no es el camino:
es el suelo que sostiene cada paso.

No hay mapa.
Solo ensayo.

En el botón de "ya basta", comienza el movimiento.
Una vida se ensaya.
No se planea.

ENSAYARTE AL LEER ESTE LIBRO

Invitación a estar contigo

Hay muchas formas de abordar este libro, la manera en que lo tomes es personal. En él encontrarás un orden, pero no un camino lineal ni un manual de instrucciones. Cada sección aparece bajo el nombre de "Notar Uno, Notar Dos…" No se trata de pasos que debas seguir ni de un método con principio y fin, sino de ensayos de atención: exploraciones que se despliegan una tras otra como distintas ventanas que se abren hacia lo mismo: notar lo que sucede en ti en la vida cotidiana. Y eso no es poca cosa.

La presencia no tiene prisa. Es atemporal. No importa el ritmo con el que leas ni cuánto tiempo tardes en llegar a cada página. Lo que importa es lo que ves cuando te detienes a mirarte. Quizás leer no transforme tu vida, pero mirarte mientras lees sí puede cambiar tu forma de estar en ella. A veces, basta con ver algo con honestidad para que ya no puedas seguir viviéndolo igual. Esa es la verdadera transformación: la que comienza en el instante en que te haces presente contigo.

Ensayar es, más bien, una invitación a detenerte de cuando en cuando hasta hacerlo un hábito: no el libro, sino la naturalidad de estar contigo. A dejar que cada página te devuelva a ti, sin importar el momento en que estés.

Mirarte es un acto valiente. Implica enterarte, cuestionarte, acompañarte, incluso cuando duele o avergüenza. Es una invitación a dejar de buscar afuera la mirada que necesitas y observar en qué lugar te colocas para que los demás te vean y te amen. Puede parecer duro, pero nadie más puede hacerlo por ti.

Conocerte requiere responsabilidad: reconocer qué necesitas y atenderte. A veces implica hacer cambios que parecen pérdidas o perdones que resultan inaceptables. No se trata de notar para reprenderte, sino de comenzar a estar contigo. Al principio puede ser extraño habitar lo que surge desde dentro: las emociones no resueltas, los hábitos automáticos, las voces heredadas y las sensaciones corporales.

El vínculo cura: sentirse visto, acompañado, escuchado. Y todo empieza por reconocer el vínculo que llevas contigo. De ahí la forma en que nos relacionamos con los demás: aprendiendo a mirarnos con compasión, libres de control.

Mirar nuestro ombligo no para hacerlo el centro del universo, sino para comprender la historia que lo trajo: desde dónde venía ese cordón, qué nos alimentaba en el sentido amplio de la palabra. Desde ese propio centro comenzar a conocer lo que nos rodea y la forma en que interactuamos con ello.

La autoobservación es, en el fondo, una relación íntima contigo. Una forma de acompañarte en la complejidad del ser humano. Es la posibilidad de una conversación interna donde, si preguntas con paciencia y amor, una voz responde. No grita, no impone: susurra, se sabe, te habita. No se trata de acumular saberes, sino de abrir espacio. La vida responde en el silencio, cuando le das lugar a la presencia. La presencia misma… se vuelve respuesta.

A veces, cuando algo nos toca, aparece la tentación de correr a enseñarlo a otros. Es natural: sentimos alivio, descubrimos un respiro y queremos compartirlo. Está bien hacerlo, siempre que no sea desde la prisa de "yo sé y te muestro". Este libro no está escrito para que te conviertas en maestro de nadie, sino para que te acompañes a ti mismo. Si lo que encuentras aquí realmente te sirve, se compartirá genuinamente, de manera natural, sin esfuerzo. Y si notas esa urgencia de enseñar o de controlar, simplemente obsérvala y regresa a ti.

En ocasiones, lo que descubrimos duele y, en lugar de mirarlo en nosotros, lo señalamos afuera: "si esa persona cambiara esto, yo estaría bien… si el mundo fuera distinto, yo podría estar en paz". Esa tentación también es parte del camino.

La práctica puede ayudarte a notar justo eso: cada vez que tu atención se va hacia afuera con la urgencia de corregir al otro, puedes detenerte y observar qué se mueve dentro de ti. No se trata de juzgarte por proyectar, sino de reconocerlo con suavidad. Porque lo que buscamos cambiar en el entorno muchas veces es el eco de lo que aún no nos animamos a mirar en casa propia. Nos han enseñado que el mundo está afuera, dejando a un lado la introspección.

Por eso, quizá la mejor forma de leer estas páginas no sea con la intención de acumular información para enseñar a otros, sino con la apertura de aprender juntos. Con la humildad de conocernos, de honrar la presencia del otro. Como cuando alguien se sienta a escuchar de verdad: sin prisa por responder desde los propios filtros, solo interesado en lo que ocurre —dentro y fuera— en sincronía, desde una escucha receptiva e incondicional. Ese es el tono que puede sostener esta lectura: empezar por notarse a uno mismo.

Y aquí aparece otra clave: la vida misma como maestra. No porque haya que sufrir para aprender, sino porque lo que vivimos —placentero o doloroso— nos va dando la medida de nuestra madurez. No es el sufrimiento en sí lo que enseña, sino lo que descubrimos en medio de él. Cuando somos capaces de mirar lo vivido y asimilarlo, incluso lo difícil se vuelve fértil. Cuando no, tendemos a resistirlo una y otra vez.

Ensayar las propuestas del libro es también aprender a transformar lo vivido en algo que nutra. No eres tú quien lo transforma, sino la presencia misma, que ofrece una mirada libre de interpretaciones, de historia. Se trata de quedarse a sentir y, aunque parezca contradictorio, justamente así dejamos de quedar atrapados en la herida. Cada experiencia, al dejar de estar tomada por el dolor, puede convertirse en un espacio fértil. No se trata de glorificar el sufrimiento, sino de reconocer que incluso lo oscuro puede abrirse hacia la claridad.

Habrá momentos en que la invitación aquí hecha te acerque a estar en tu cuerpo, en tus sensaciones, y eso puede sentirse seguro... o no tanto. A veces lo que surge no es el presente, sino memorias antiguas que todavía duelen. Y es importante reconocerlo: no siempre es fácil habitar esas sensaciones. Puede que necesites compañía profesional, y eso también forma parte del camino.

Si este es tu caso, comienza por lo que no amenace. Como un cachorro lastimado que aprende de nuevo a confiar, las memorias grabadas en el cuerpo también pueden necesitar tiempo y cuidado para volver a sentirse seguras en casa propia. Cada avance, por pequeño que parezca, es válido. Puedes empezar por momentos simples, no con tus grandes temas: al caminar, al escuchar el tráfico, al sentir el aire en la piel. Tal vez, con la práctica de lo sencillo, llegue un momento en que puedas acercarte a territorios más densos, donde lo guardado espera ser mirado con la misma ternura con que se toca algo vulnerable. Si lo haces así, cada página puede convertirse en compañía: no te presiona, solo te recuerda que puedes regresar a ti a tu propio ritmo.

Estar en el cuerpo no es un fin en sí mismo, sino un medio. Cuando podemos habitarlo, descubrimos que somos más que un cuerpo: la vida misma se revela, fluyendo a través de él. No mi vida, sino la vida.

No se trata de generalizar: cada historia y conjunto de creencias son únicos. Algunas personas han atravesado experiencias tremendamente dolorosas que dejaron huella en su relación con el presente, con las emociones, con el mundo. Y cada cual encuentra su propio modo de procesarlo. Lo que sí compartimos es la posibilidad de comenzar poco a poco, sin exigencias, notando lo que está disponible aquí y ahora.

No hay nada malo en ti si se dificulta estar en tu cuerpo. Es comprensible, sobre todo en un tiempo donde la desconexión y la distracción parecen la norma. Por eso, la invitación es simple: nota lo que puedas, empieza con lo que esté bien para ti y, si lo necesitas, busca apoyo. Caminar de a poco también es avanzar.

Piensa este libro como un espacio de compañía. Lo que leas no está para que lo memorices ni para que lo ejecutes como una tarea. Son palabras que buscan resonar contigo, como semillas que quizá germinen ahora o se queden en silencio hasta que la tierra esté lista.

No necesitas leerlo en orden ni terminar un capítulo para sentir que "vas bien". Puedes abrirlo donde quieras y comenzar ahí. Lo importante no es cubrir todo el terreno, sino descubrir qué sucede en ti mientras lees.

Te sugiero leer despacio. Hacer pausas. Tal vez subrayar una frase o cerrar el libro unos minutos y observar cómo resuena en tu cuerpo. No hay prisa: el ritmo lo marcas tú.

A veces encontrarás ejercicios o propuestas de práctica. No están para que cumplas con ellas de manera rígida, sino para que las pruebes, como quien ensaya un paso de baile o una melodía nueva. Lo importante no es hacerlo "bien", sino mirar qué cambia en tu atención cuando lo intentas.

Llévalo a lo cotidiano: mientras respondes una llamada, al abrir una puerta, en medio de una conversación. Poco a poco —si así lo eliges— este libro puede acompañarte en esos instantes pequeños de la vida diaria. Aunque parezca que el libro está contigo, en realidad se trata de que empieces a acompañarte a ti.

Es un proceso parecido al de un cachorro: primero juega cerca de la guarida, con sus hermanos, en el espacio seguro. Después se atreve a salir unos metros más allá y, con el tiempo, descubre que tiene todo lo necesario para habitar el mundo. Así también, la práctica de observarte comienza en lo íntimo y se expande, hasta recordarte la fuerza y el lugar que ya son tuyos en el gran tejido de la vida.

Y si algún capítulo se siente intenso, déjalo reposar. Vuelve cuando quieras. El libro estará aquí, como una conversación que puedes retomar en cualquier momento.

En resumen: lo que se invita aquí es a ensayar tu propia manera de notar. A descubrir en la experiencia cotidiana lo que ya está presente, a encontrarte contigo. La secuencia no marca jerarquías, solo un hilo para sostener la lectura.

Ajusta la atención, y el libro se leerá a través de ti.

Semilla de presencia

No leas para terminarlo,
lee para encontrarte.

Empieza por lo simple:
una respiración,
una sensación,
un sonido,
un gesto.

Lo guardado se abre
solo con ternura,
la misma
con la que se toca lo frágil.

Como un cachorro cerca de la guarida,
la confianza se prueba paso a paso,
hasta que descubre
su lugar en la vida.

Cada página es semilla:
no pretende completarte,
solo acompañarte un rato.

El cuerpo no es meta,
es puerta.
La vida sucede a través de él.

No eres tú quien transforma:
es la presencia.
Sentir sin huir
abre espacio.

La herida, entonces,
deja de ser encierro
y se vuelve
tierra fértil.

Y en medio de todo,
el vínculo contigo,
la presencia,
el silencio,
tu casa propia.

NOTAR UNO

¿Qué se expresa? En mí…

No hay historia, hay espacio

"Conócete a ti mismo", decía la inscripción del templo de Delfos. Pero ¿a cuál de todas? ¿A la que creo que soy cuando me miro con simpatía? ¿A la que actúa sin que lo note, movida por antiguos reflejos? ¿A la que responde desde guiones heredados? ¿O a la que desconozco por completo cuando algo me sacude sin previo aviso? A veces parece una broma de los dioses. Como emprender un viaje al Amazonas con la ilusión de conocer cada rincón de su ecosistema y descubrir que no se trata de conquistar el territorio, sino de acompañarse en cada paso. Entonces la búsqueda ya no es saberlo todo; es abrir espacio, caminar sin dejar de mirarse, preguntar: ¿Qué se expresa? En mí… ¿Cómo veo el mundo desde esta cambiante interpretación?

Dentro de mi ser conviven voces, gestos, respuestas, memorias, creencias y automatismos. Algunas me fueron heredadas, otras las incorporé por repetición. A veces aún las sigo eligiendo en automático. No estoy sola: Convivo con todas ellas. Influyo y soy influenciada. Respiro, y la diversidad del universo me respira, tanto lo visible como lo invisible. Algunas de estas voces internas me orientan, otras me confunden. Están ahí, como viejos actores que se saben el guion de memoria, como ecos o fantasmas que siguen repitiendo su papel aunque la obra haya cambiado. Algunos reclaman su lugar y se niegan a jubilarse; otros, más tímidos, no se atreven a tomar el escenario y se esconden entre bambalinas, temerosos de exponerse.

Llamé "yo" a la historia a la que me aferro: a lo que pienso, a lo que siento, a lo que digo, a lo que hago. Dije "así soy" con una firmeza que no nace de la observación, sino del hábito. Me relaté la historia de mí misma como si fuera fija, estable, verdadera; ubicándome siempre como la protagonista: a veces heroína, a veces víctima. Como si esa historia no pudiera moverse, ni cambiar, ni cuestionarse. Le entregué toda mi atención y fidelidad; la defendí a capa y espada. La mostré en titulares y también la escondí tras puertas cerradas.

Según el diálogo interno: se frunce el ceño, se aprieta la tripa, la mandíbula se tensa, la mirada se fija. La obra interna comienza, va y viene con tecnología excepcional, tan veloz como invisible. El tráfico alrededor desaparece, el escenario se monta. Miro alrededor: cada persona parece estar viviendo algo parecido, aunque con guiones distintos. Cada cual con su propio "yo", con su historia en marcha, alimentando eso que vive en cada uno. Y ese algo nunca se sacia. Siempre quiere certeza, razón, importancia, protagonismo, permanencia.

El ego se distrae fascinado con su nueva adquisición. Me compré la idea de sanar, cambiar y evolucionar como objetivo principal. No vi que había algo más. Más allá del ruido interno, algo percibo. Entonces la escena pierde su fuerza, ya no convence en medio de una crisis, una pausa, una práctica, una catarsis. Se cuela una pregunta: ¿Qué se expresa? En mí...

No es gracioso. ¿Quién es esa parte que opina, que reacciona, que se defiende? ¿Quién dicta lo que es correcto, lo que se espera, lo que "debería ser"? ¿Soy yo quien decide y dirige o es una voz más antigua que yo misma? ¿Quién activa mi química aun cuando estoy sola? ¿Quién acompaña mi soledad? Pierde fuerza. Pierde veracidad. Parece de utilería cuando la noto. Hasta da gracia.

Descubrir qué se expresa en mí no es tarea para el ego. La práctica del ego es así —por eso es ego—. No puedo pedirle otra cosa. Esa es su función y la cumple muy bien. Se disfraza de voces y de policía a la vez: juez y parte. Intentará acabar con una fracción y poner a otra en un altar. Clasifica, excluye, defiende. Así opera: a través de historias. No busco un remedio para eso. Solo quiero conocer las partes. Para sorpresa del ego, esta no es una tarea que pienso confiarle. Una mayor sorpresa: no quiero eliminarlo, no quiero ganarle. Solo quiero saberlo. Conocerme en él y sin él. Adentrarme en la expresión de la vida universal, porque la chispa de la que provengo destella detrás de los disfraces del ego. Y esto sucede cuando me atrevo a ver.

No se trata de vencer una voz para que otra gane. Tampoco de encontrar la identidad perfecta. Se trata, simplemente, de notar. De abrir espacio a la observación sin juicio preestablecido. El juicio no se elimina, solo pierde fuerza. Es permitir que se revele, poco a poco, eso que he estado repitiendo en automático. Sin necesidad de combatir nada. Y en esa aparente pasividad, se liberan recursos suficientes para algo distinto: para estar. Para ser.

Tal vez no hay una única respuesta. No soy un personaje definido, soy una constelación de hábitos, heridas, victorias, aprendizajes y posibilidades. Y está bien. Lo que importa no es fijar una definición, sino abrir una mirada. Una mirada que pregunte, escuche, acepte y se atreva a no saber. Porque ahí comienza la libertad: no en tener claro quién soy, sino en empezar a distinguir quién no. Desde ahí, es posible detectar con más claridad lo que emerge cuando, por fin, no hay historia: hay espacio. En consecuencia, historia y espacio conviven en armonía. En conciencia.

Hay algo que se expresa, ocurre —al menos ahora— en mí. Sin embargo, no me pertenece. Solo pasa por aquí, como la lluvia sobre el río, como oxígeno en los pulmones, como una repetición de los símbolos en la cultura. "Mío", sostiene la ilusión de permanencia. "En mí", deja pausa, aire, umbral. Lo que se expresa en mí… no soy yo. Pero sí ocurre conmigo.

Umbral hacia la unidad

"Conócete a ti mismo." La primera vez que leí esa frase con atención fue en un libro sobre chakras que compré con gran esfuerzo durante un viaje hace veinticinco años. Hablaba de conocerse a través de los cuerpos energéticos, de la apertura y cierre de los centros sutiles y de su relación con las glándulas. Me parecía escuchar a alguien que había viajado al espacio y volvía para contarme cómo se ve la Tierra desde allá arriba.

Era otro tiempo. No había frases inspiracionales en todos lados. No existía la web como oráculo instantáneo. Había libros físicos, búsquedas concretas, deseos puntuales. Nadie te ofrecía lo que buscabas antes de que lo reconocieras como un deseo. Pero el entorno seguía siendo igual de influenciable. La escuela, por ejemplo, decidía qué leer y qué no mostrar; si querías algo distinto, había que ir lejos. Literalmente salir a buscar.

Yo creía que rompía esquemas, revolucionándome; no obstante, sin darme cuenta, entraba en las mismas redes con otros nombres, hasta comprender que cualquier técnica o teoría pasa por encima de mí si no tengo el gesto de acompañarme. Llámese vida personal, laboral o espiritual. Esa frase —"CONÓCETE A TI MISMO"— despertó una sed profunda. Sin claridad me perdía una y otra vez en un mar de información, como si persiguiera una luciérnaga en plena selva. Primero me atraía su brillo, luego una flor me desviaba, luego una rana, así hasta perderme entre estímulos sin centro. Lo que parecía un viaje interior se volvía dispersión, incienso, velas, ciencia.

He pasado por ser autodidacta y coleccionista de títulos, por muchas teorías, talleres, formaciones. Si algo he aprendido es que, sin práctica constante, nada se asienta; incluso las ideas más elevadas se convierten en espejos que distraen. No digo que estén mal, simplemente sucede. Cada cosa en su lugar.

Por otro lado, la especialización de determinadas profesiones tiene su propio lugar y me he beneficiado de ello con agradecimiento. Cuando me refiero a algunos términos que no son mi especialidad, lo hago con respeto y referencia, no como autoridad del tema, sino como observadora de lo que se despierta en mí mientras exploro. Han servido como parte de la comprensión holística experimental del cuerpo, psique y alma. Hablo de lo que he investigado, estudiado, leído y practicado, sobre todo. Tengo un profundo agradecimiento y respeto por cada profesión, así como la contribución a mi propia indagación.

Hoy escucho a médicos, científicos, terapeutas, ingenieros, etcétera. Confiesan haberse perdido en la vorágine entre tanto saber y tanto hacer. Ahora buscan volver a sí mismos, al autocuidado y la reconexión con sus propias emociones y paz mental. Acompañarse. Estar presentes. Recuperar su vida. Volver a mirar con honestidad.

Comprendí que coexisten dos mundos. Uno externo, visible, compartido, el de los hechos. Ahí es fácil conceptualizar, etiquetar, catalogar, comprar, vender. Otro interno, íntimo, al que solo uno mismo puede acceder. El primero lo vamos construyendo entre todos. Podemos opinar sobre él según desde dónde estemos parados. Tiene su lugar, su función. Pero el segundo —el mundo interior— es distinto. A ese solo puede acceder cada uno: entrar a lo que se expresa dentro de ti. Solo yo puedo acceder a lo que se expresa en mí, y nadie más. Ni, aunque lo intentaras, ni, aunque desearas abrirle la puerta a alguien. No se puede. Eso no implica separación, sino todo lo contrario: es un umbral hacia la unidad. Solo atravesando ese espacio íntimo podemos sumergirnos en la potencialidad compartida. Lejos de ser una tragedia, es algo profundamente humano. Cada uno tiene esa posibilidad íntima. Ese lugar intransferible. Ese umbral.

En ese mundo interior es en donde he notado que algo esencial se pierde cuando la atención se orienta exclusivamente hacia afuera: a la teoría, lo que dijo el maestro, o los pasos 1, 2 y 3 de cualquier herramienta. Se pierde la realización interna que nace de un gesto profundo de atención: el simple hecho de estar.

Es hacia ese interior que se dirige silenciosamente la pregunta de este capítulo. No para encontrar respuestas inmediatas, sino para orientar la atención con curiosidad. Como quien dice: contempla la rana en el Amazonas, observa la flor. No las toques. Solo presta atención. Como si entraras por primera vez en un mundo nuevo, parte de un ecosistema mayor. No quiero recorrer todo el Amazonas, ni entenderlo todo, ni hacerlo mío. Solo estoy presente.

Habitar la calma profunda de la curiosidad

El truco es aprender, aunque sea por instantes, a no hacer nada con lo que encuentro: estar, permitir, descubrir en los fragmentos la esencia de la totalidad. Enfocar la atención en lugar de arreglar la vida externa o escapar de lo que brota desde el interior. El hilo conductor invisible que reconozco detrás de muchas técnicas y procesos de exploración personal, es la capacidad de entrenar la atención. Y esta pregunta —¿Qué se expresa? En mí...— puede ser, o no, una vía para ese entrenamiento. Depende del momento, de la intención, de la disposición y del que pregunta.

En la simplicidad del día a día, puede funcionar como un pretexto y una posibilidad para prestar atención. No se trata de alimentar la historia, las voces o las conjeturas; tampoco de asustarme ni de resolver nada. Por primera vez, no hay que hacer nada con ello, solo limitarse a mirar. El conocimiento de las partes sueltas, dispersas, a veces contradictorias, va develando poco a poco —y con humildad— el alma más honda del Amazonas.

Antes de dormir, suelen aparecer pensamientos y voces internas. ¿Qué diferencia hay entre eso y el silencio nocturno del Amazonas? Allá suenan cosas también: canta una rana, se escucha un ave, un depredador. Todo es parte del mismo ecosistema. Así también las voces internas: "NO ERES SUFICIENTE", "LO HICISTE BIEN", "NO DEBIÓ HABERME DICHO ESO". Escucharlas como si fueran sonidos de la noche, sin irme detrás de ninguna. Habitar la calma profunda de la curiosidad.

¿Y qué hay que hacer? Acostumbrarme, poco a poco, a escuchar mis predicados dentro de una simple conversación. Ver sin intervenir; reconocer la diversidad, la ciclicidad, la integración. Es la vida expresándose a través del Amazonas interno. Por un extraño impulso, nos distraemos para no habitar el momento.

Me resulta divertido e interesante notar cómo la mente, como si fuera un niño pequeño, no pierde su espontaneidad; incluso después de años de entrenamiento. Ante la pregunta "¿QUÉ SE EXPRESA? EN MÍ…", la mente eficiente salta: "¡Yo! ¡Yo respondo! ¡Yo sé!" Pero esa no es la idea. La palabra es observar. Para ello hace falta disciplina. Porque observar no es lo mismo que conocer, pensar, analizar o concluir. Todo eso viene después.

Se trata de cultivar la paciencia, de no interrumpir lo que nace solo.

Puedo estar acostumbrada a una parte de mí. Conocer mis tendencias, saber que opto por ciertos gustos, que me enojo o saboteo con facilidad en determinados contextos. Historia repetida. Basta con sentarse frente al guardarropa para verlo reflejado. Hay un mapa de hábitos, elecciones y personajes.

Observar, en cambio, es estar presente mientras el impulso universal de sentir se manifiesta en el momento. Como si el sentir fuera la ropa; y el impulso, algo más grande que se expresa a través de ella. Hay una conciencia mayor. Así como hay una conciencia detrás de ese guardarropa que parece inerte hasta que alguien lo habita. Mirar con atención qué ocurre en mí cuando, por ejemplo, manipulo. Ver que eso está vivo, que no siempre es igual. Atreverse a ver lo cambiante: cultivar el hábito de notar. ¿Qué se mueve en mi cuerpo? ¿Qué reacción aparece? ¿Qué diálogo interno lo sostiene? Eso es vida sucediendo.

La autoobservación: una acción íntima

Observar es activo. Conocer, pasivo. Mecánico.

Cada hoja de pasto crece en silencio, alimentada por el clima y el sol. No se ve, pero influye. Las nubes cruzan el cielo sin detenerse. No es una fotografía: es vida en curso. Ahora bien, observar tampoco es pensar.

Pensar que no me gusta la blusa de alguien, es distinto a observar qué parte de mí se activa cuando no me agrada esa blusa. ¿Qué representa? ¿Me amenaza? ¿Qué personaje se asoma? ¿La perfeccionista? ¿La que quiere agradar? ¿La que teme el juicio? ¿Cómo se activa esa parte en mí?

Observar no es analizar. No se trata de abstraerme ni de explicar. No se emite un juicio, no se compara, ni se llena la mente de comentarios como si se narrara lo que ocurre. Se trata de estar presente. Ser testigo. Atestiguando lo que sucede sin intervenir, incluso ante esa comparación y ese análisis. Como cuando uno ve a una pequeña jugando a las muñecas. Inmersa en el personaje.

Es apertura. Es aceptación. Eso es lo que he descubierto en este camino de autoobservación. No es una idea, es una práctica. Una acción íntima y voluntaria de la atención. Significa dar espacio a lo que es.

Un acto de conciencia implica estar atenta y alerta. Dirige la observación hacia los pensamientos, emociones, impulsos, deseos, miedos, fantasías. No para resolverlo de inmediato. No para cambiarlo. Solo para notar quién está ahí, en ese momento, actuando en mi nombre. O quizás, soy yo actuando en nombre del universo o de la vida expresándose a través de mí.

NOTAR

¿Qué se expresa en mí... justo ahora?

OPCIÓN DE PRÁCTICA UNO

¿Qué se expresa en mí... justo ahora?

Si quieres jugar y practicar autoobservación durante los próximos días, aquí tienes una opción de ensayo. Lo más importante: no te apegues a la pregunta, es solo un pretexto para ir a ti. Es el medio, no el fin. Puedes hacerla una vez, o varias, como si fuese tu gimnasio de autoobservación.

Tres veces al día, detente por un instante y pregúntate en silencio: ¿Qué se expresa en mí... justo ahora? —cuando el otro hace o no hace, cuando la vida es—No respondas rápido, solo nota. Revisa si hay una emoción dominante, una tensión corporal, un juicio, una expectativa, un diálogo. Mira si puedes identificar qué personaje o voz interna está al frente:
¿la que quiere tener la razón?, ¿la que busca aprobación?, ¿la que teme equivocarse?, ¿la que cuida?, ¿la que exige?, ¿la que juega?

No lo fuerces. No lo analices. Solo observa. Puedes anotarlo en una libreta: una línea, una palabra, una imagen, un gesto.

Es una práctica, no un examen. Como si te tomaras el pulso de lo invisible. Y eso basta. Si te sirve como inicio, aquí tienes algunos ejemplos: En momentos puntuales —al despertar o justo antes de dormir— puedes observar qué pensamientos surgen, qué voz repetitiva o metódica aparece. También puedes notar lo que se activa en ti cuando hablas de cierta persona: ¿surge la queja, la crítica, el juicio constante?

Recuerdo que una vez, cuando murió un artista, ni siquiera seguía su trayectoria, simplemente sabía quién era, mi reacción inmediata fue preguntar: "¿Y de qué murió?" Mi pareja me respondió: "De la edad, supongo, tenía noventa y ocho años". Nos reímos. No de la situación, sino de mi pregunta y también de su respuesta. Pude ver el automatismo completo: la voz que pregunta sin que realmente le interese la respuesta, y la voz que responde del mismo modo. Para ser honesta, no tenía ninguna curiosidad real por la causa de su muerte.

¿Qué se expresa en la interacción? No fue para corregirme ni para cambiar nada en el presente ni en el futuro. Porque cuando te notas a ti, también puedes notar a otros. Y desde esa claridad, no lo tomas personal. Con el tiempo y la práctica, puede convertirse en conciencia. En sentido del humor.

Eco

No soy siempre la misma.
No soy fija.
No soy coherente.
No soy el guion.

A veces una voz manda.
A veces, otra.
Y a veces, también, hay gracia.

A veces soy quien actúa.
Otras, quien observa,
y a veces, apenas alcanzo
a ver el rastro
de una historia que se repite
sin saberlo.

No hace falta desmontar la obra.
Solo quedarme un momento más
frente a esa voz
que habla en mi nombre,
y mirar
la vida verdadera detrás.

No para definir quién soy,
sino para distinguir,
poco a poco,
quién no.

Pero puedo mirar,
puedo notar,
Y en ese gesto —
tan simple como profundo—
algo en mí aprende a quedarse.

Como quien no rompe
el silencio tras el murmullo de la selva
por querer entenderla.

Solo se queda.
Solo está.
Presencia.

NOTAR DOS

Responsabilidad viva: el arte de estar presente

Vivir es intransferible

La autoobservación no es exclusiva de una profesión ni de una creencia. Tampoco es una moda. Es una forma de habitar el mundo, comenzando por habitarse a uno mismo. Implica estar consciente del movimiento del propio sistema operativo: cuerpo, mente y emoción, en complemento con los compromisos del día a día. Darse cuenta, en tiempo real, de lo que ocurre dentro de uno, y que nadie más puede asumir por ti.

No se trata solo de pagar una cuenta o cumplir con un rol. En cada acción, por simple que parezca, también se mueven emociones, pensamientos, sensaciones. Sin embargo, solemos poner toda la atención en cumplir. Pero ¿qué sucede con lo que se agita por dentro mientras lo hacemos? No atenderlo tiene consecuencias.

La responsabilidad —como habilidad de responder— incluye la capacidad de acompañar el propio movimiento interno mientras se lleva a cabo el trámite externo. A veces basta una situación cotidiana para que el cuerpo se exprese: una tensión localizada, una emoción conocida.

Acostumbrarse no significa prestar atención a lo que nos pasa por dentro. Nombrar una emoción es ya empezar a habitarla. Cuando intentamos cambiar lo externo —pensando, resolviendo, evadiendo lo interno—, perdemos el mensaje que esta emoción trae consigo.

Muchas veces estamos más atentos a las publicaciones y expresiones de los demás, a sus vidas, y pasamos por alto el sistema operativo con el que ya venimos equipados: una tecnología silenciosa, que en cada uno funciona como brújula, como camino.

Hoy no solo los místicos hablan del mundo interno, de lo invisible, de cómo influye en lo que vemos. También lo hacen médicos, científicos, investigadores… Cada vez más se suman al estudio de la conciencia, la atención, el sistema nervioso, la percepción, el campo cuántico, la meditación.

Lo que antes se consideraba terreno exclusivo de lo espiritual, hoy también se observa con sensores, escáneres, datos, evidencia. Y en ese puente —entre lo invisible y lo medible— se abren posibilidades. Pero ninguna herramienta, por precisa que sea, puede asumir esa tarea por nosotros. Es fácil que se tergiverse en moda sin práctica, desde el control. Ni bueno ni malo. Simplemente algo más a observar.

Podemos pasar de los términos del gurú a los de la ciencia, pero notar lo que sucede dentro sigue siendo una tarea íntima, que no se delega. Vivir es intransferible.

A veces, la espiritualidad es avalada por la ciencia; otras, por la religión. Mientras eso sucede, la invitación es clara: practica, conócete. No esperes la validación externa para comenzar. Compruébalo por ti. La ciencia y la religión cambian con el tiempo, pero la práctica puede mantenerse constante, viva, íntima, como un laboratorio silencioso donde uno mismo es campo de investigación y presencia.

Abrir la jaula, sin romperse

En el camino tropezarás. Te dejarás llevar por espejos que brillan sin ser oro. Creerás que practicar te asegura privilegios, que alcanzarás algo que te diferencia de los demás. Lo siento, pero no. La práctica revela —con el tiempo y la humildad— que somos iguales. Que no hay lugar más honesto que reconocernos parte de un mismo juego, de una misma danza interpretativa, de la misma vida expresándose y espejeándose a través de cada uno. Nos necesitamos unos a otros para conocernos.

He aprovechado lo que me ofrecieron grandes investigadores, tradiciones y caminos. De cada uno tomé algo valioso; también viví momentos de cercanía y resistencia, de entusiasmo y duda, tanto en mí como en el entorno que me rodeaba. Con el tiempo entendí que está bien que así sea, porque lo que realmente se sostiene no es una creencia fija, sino una mirada capaz de atestiguar el movimiento sin intentar detenerlo. Practicar, al final, es certificar la vida, pero no ante una institución, sino ante uno mismo.

En un sistema basado en el miedo y la culpa, la palabra responsabilidad suele incomodar. A veces preferimos evadirla, señalar hacia fuera y caer —sin notarlo— en la trampa del juicio. Nos incomodan las emociones, sin darnos cuenta de que la vida las incluye. Entonces huimos de la responsabilidad de sentir, pero ella nos sigue como una sombra: inseparable de la experiencia.

Es un acto simple y profundo: volver la mirada hacia adentro. Comienza ahí: estar presentes mientras algo se mueve dentro de nosotros, sin apresurarnos a reaccionar. Abrirnos a la experiencia. Conocer nuestro sistema, acompañarnos mientras sucede. Acostumbrarnos a nosotros mismos, con todos nuestros matices.

Implica incluirlo todo. Por ejemplo, la culpa: observarla cuando aparece, reconocerla, darle su lugar. Devolver la dignidad a cada manifestación de la vida. Sin negar, incluso reconociendo cuándo estamos en resistencia.

La propuesta es simple: experimentar lo inevitable. Hacernos cargo. En lugar de bloquear —y cargar con ello—, permitirle una salida natural. Huir de la emoción conduce a una muerte lenta: enfermedad, bloqueo. Alimentarla con el pensamiento la prolonga en el tiempo. A eso se le llama ansiedad, angustia, confusión, diagnóstico. Se manifiestan como pájaros atrapados que aletean por dentro, buscando atención: ante un encuentro, una mirada, un olor. Y así, una y otra vez.

El cuerpo sabe cómo hacerlo. Sabe sentir. Lo hace sin romperse. ¿En qué otro territorio podría suceder, si no es en él? Se trata de abrir la jaula donde habitan esos pájaros que no han podido volar, sabiendo que el cielo no se perturba ante su vuelo.

Desde la antigüedad siempre ha habido quienes, de manera directa o indirecta, acompañan el camino de transformación del ser humano. No me refiero al progreso externo, a lo que cambia en la forma —tecnología, industria, comodidades—. Eso evoluciona a su ritmo. Hablo de otra cosa: de quienes ayudan a recordar la libertad intrínseca más allá de la forma. De quienes sostienen el proceso de crear y actualizar cultura desde la conciencia, no desde la repetición.

La cultura no evoluciona sola ni tiene voluntad propia. Somos nosotros quienes la sostenemos, a veces sin darnos cuenta, repitiendo modelos y creencias que ya no nos sirven. El actuar inconsciente refuerza lo viejo. Y eso no depende de si usamos tecnología avanzada o herramientas primitivas, sino desde dónde lo hacemos. La conciencia pone la forma al servicio de la esencia, no al revés. Desde ahí se abren nuevas posibilidades para experimentarnos, sin perdernos en la forma. Es clave habitar el cuerpo, usarlo como brújula, para no dejarnos arrastrar por lo heredado y atrevernos a crear algo distinto, sin miedo a la libertad.

Aprender a sentir, a observar la naturaleza de los pensamientos, a dar lugar y actuar desde el presente tiende —por su propia naturaleza— a romper estructuras. Y eso nos asusta. No sabemos andar sin jaulas ni correas. Conocemos apenas una parte de nosotros: la más inconsciente, la que reacciona, la que a veces parece un animal herido. Locura con un celular en la mano.

El ego asocia la palabra libertad con caos, abuso, desorden. Y sí, así es desde el ego, desde la dualidad. Es normal. Lo que hemos vivido como libertad nació del impulso sin presencia, sin espacio, sin sentir. Pero la presencia abre otra puerta, una que no se parece al descontrol, sino a una cooperación profunda, confianza, respeto y abundancia. Acompaña a la ignorancia, al ego, con paciencia y empatía. En la responsabilidad de que todo florezca, esa semilla brota primero en uno mismo.

Modelamos nuevas propuestas y luego les tememos. En su momento se temió al rock; hoy, a la tecnología. El miedo aparece cuando hemos perdido el orden interno. Cuando lo creado se aborda desde los pájaros enjaulados. No se trata de ir en contra: es la presencia lo que nos salva del letargo programado.

Lo que no me permití sentir

Para mí, responsabilidad ha implicado mucha paciencia conmigo misma. Día a día sigo aprendiendo a fortalecer el hábito de prestarme atención: permitirme sentir, observar el diálogo interno y externo, y notar los rituales inconscientes que se activan. ¿Qué trato doy a lo que surge? En mí…

No pide permiso, llega sin tocar la puerta y, a veces, resulta abrumador. No se trata de estar atenta todo el tiempo —no sería funcional—, pero sí de empezar por aquello que incomoda o insiste en aparecer. Cuidar que no me arrastre y evitar tomar decisiones que ya no responden a lo que soy hoy.

Con el tiempo, he aprendido a reconocer ciertas trampas que parecen responsabilidad… pero no lo son. En ocasiones no pongo un límite claro "porque soy responsable" de lo que siento. Eso no siempre implica quedarme quieta: a veces me pide actuar. Otras, hago lo contrario: traslado afuera la causa de lo que me pasa, como si algo externo tuviera que cambiar para que yo esté bien.

Supongo que esa confusión viene, en parte, de que no fuimos educados para atender esto en el presente. Nos enseñaron a pensar las situaciones, no a sentirlas. Hoy comprendo algo distinto: el cuerpo es un territorio perfecto para sentir y contener lo que me atraviesa. Es como dejar que un rayo se descargue en el cielo. Se siente, sí, pero si aprendo a acompañarla, no causa daño; solo pasa. Por otro lado, los pensamientos simplemente surgen.

En ciertos momentos, el trámite se resolvió a mi favor, pero, aún así, sentí enojo. Interpreté que la otra persona quedó inconforme. No parece un gran tema, pero son esas pequeñas situaciones repetidas y no atendidas las que van restando fuerza. No por lo que pasó, sino por lo que no me permití sentir. También por haber otorgado cualidad de verdad a un pensamiento que no era más que una interpretación; incluso por haber proyectado una expectativa sobre lo que la otra persona debería sentir.

Todo eso ocurre en un instante. Y cuando no doy espacio al enojo —como a un rayo—, se queda adentro, anclado, y, tarde o temprano, lo lanzo sobre algo que no tiene nada que ver. Quemando troncos en el camino… o vísceras propias.

De igual modo, sucede lo opuesto: hay situaciones que no se resolvieron como yo quería. Lo importante sigue siendo lo mismo: atender lo que surge. La consecuencia es similar a la del ejemplo anterior. No es el resultado lo que da descanso, sino cómo acompaño el momento mientras sucede.

NOTAR

¿Cómo trato lo que se expresa... en mí?

OPCIÓN DE PRÁCTICA DOS

¿Cómo trato lo que se expresa... en mí?

Pensamientos, emociones, sensaciones corporales. ¿Cuál es el ritual inconsciente que emerge ante ello?

Como en cada capítulo, aquí tienes una propuesta de ensayo de la atención. Lo más importante es no clasificar la respuesta: es solo un pretexto para volver a ti y acostumbrarte a tu presencia.

Trata por igual todo lo que surja. Es importante que elijas claramente qué decides notar como práctica en la situación que se presente.

Si eliges pensamientos, observa solo pensamientos.

Si eliges emociones o sentimientos, observa únicamente eso.

Si eliges sensaciones corporales, enfócate solo en ellas, aunque sean varias: tal vez notas que aumenta la temperatura, junto con tensión en las manos y un nudo en el estómago. Deja ser.

Comienza parte por parte; luego, dentro de la misma situación, puedes observarlas todas en cierto orden. Incluso anotarlas mientras recuerdas la experiencia. Por ahora, ve por partes, en el momento justo en que sucede.

Una posibilidad es preparar la práctica así: en la mañana, atender al pensamiento; a mediodía, a la emoción o sentimiento; por la tarde, a las sensaciones corporales. El orden no importa, es solo una sugerencia.

Puedes hacerlo una vez o varias veces al día, como si fuese tu gimnasio de autoobservación. No importa si estás en una conversación, en medio de una tarea o simplemente caminando. No se trata de juzgar lo que surge, ni de evaluar si haces la práctica con excelencia o descuido. Eso no es lo que observas.

Recuerda: todos ellos surgen como fuentes que brotan sin pedir permiso. No necesitas analizarlos, ni entablar diálogo interno, ni cambiarlos. Solo observa que hay un movimiento. Ese es el primer paso: notar. Después, y con algo de práctica, soltar se vuelve natural.

Ejemplo: En sesiones individuales, suelo compartir un ejemplo que ilustra bien esta práctica y es aplicable a innumerables situaciones del día a día. Imagina que tienes frente a ti una lata de refresco de cola, y hay cinco personas a quienes se les ofrece un trago: una, que trabaja en esa compañía, dirá que es la mejor marca y la defenderá con orgullo. Otra, dedicada al naturismo, afirmará que es veneno puro. Una más, que ha lidiado con el alcoholismo, dirá que esa bebida está asociada a la adicción y que beberla le invita a abrir una puerta que no puede cerrar con facilidad. Alguien más comentará que le da energía y le recuerda momentos felices. Y otra persona contará calorías en voz baja. Es la misma bebida, pero los movimientos internos son distintos.

Ese es el poder de la autoobservación: darte cuenta de qué se mueve en ti, en lugar de enfocarte en lo que está afuera. Reconocer que cada persona tiene un argumento tan válido como el tuyo.

Puedes jugar con esto durante tu día. Cuando algo te cause ruido o una emoción intensa, en lugar de explicar o convencer a otros de tu punto de vista... observa. Solo nota. Como un juego. Como una práctica. Como un acto profundo de responsabilidad viva. Y notarás cómo esa responsabilidad se convierte en compañía interior, en presencia.

Es un gran paso naturalizar el acto de hacernos responsables de notar la vida que se manifiesta en nosotros en tiempo real, influida por el momento presente. Y recordar: el momento es neutro. Lo que lo carga de sentido es nuestra percepción, lo que no hemos soltado como verdad absoluta. La misma situación puede despertar algo muy distinto en cada persona.

Acto de presencia

La autoobservación me recuerda
que cada pensamiento, cada emoción,
merecen ser vistos,
para acostumbrarme a mí.

Es estar conmigo
mientras manejo,
mientras fallo,
mientras dudo,
mientras vivo.

Responsabilidad no es tomar el volante de otros,
es sostener el mío con conciencia.

Es notar que todo trámite externo
tiene su contraparte interna,
y que, si no me acompaño,
me ausento de experimentar la vida.

No se trata de culpar
ni de explicar,
sino de observar.

La vida me toca,
y eso ya es suficiente
para prestarle atención.

Puedo cumplir con todo…
y aun así,
estar ausente de mí.

Sentir rompe jaulas,
pero no para huir,
sino para habitar la vida
sin correa
y con lucidez.

La verdadera responsabilidad
es un acto de presencia,
no de perfección.

Es mirar hacia adentro,
sin promesas,
sin exigencias,
y elegir estar.

NOTAR TRES

La coordenada del yo en el mapa del mundo

Donde el amor no se fuga

Tomo prestada una metáfora que aprendí en el tantra: llamar presencia a esa cualidad interna que sostiene. Una especie de padre simbólico que no huye del movimiento, que no se asusta de lo que ocurre dentro. No se trata de biología ni de psicología, tampoco de una imagen rígida. Es una fuerza que todos llevamos: la capacidad de estar, de ver, de contener.

Presencia es eso que se activa cuando uno se vuelve disponible para sí. No desde el esfuerzo mental ni desde una vigilancia tensa, sino en apertura espaciosa. Es estar en uno mismo mientras se está en el mundo. Presenciar el instante sin dejarse arrastrar por pensamientos, emociones o reacciones automáticas. Con el valor de retomar —desde la compasividad— la experiencia presente, en caso de haber sido arrastrado por exceso de pasado o de futuro.

Desde ahí, la acción posterior se ve beneficiada por cualidades como la firmeza, la voluntad, la claridad, el carisma, el coraje. Surgen con naturalidad con la práctica, de forma implícita.

¿Y qué ocurre cuando el habitante del mundo —es decir, uno mismo— vive desconectado de ese potencial? Aparece una sensación de orfandad. No literal, pero sí simbólica. Una falta de dirección interna que muchas veces se expresa como dominación, terquedad, necesidad de control, agresividad, ambición, autoritarismo. La presencia se disfraza de poder. Aunque parezca firme, no hay sostén real. La verdadera presencia no domina: sostiene.

En esta misma metáfora, el amor es esa madre simbólica que abraza lo que llega: emociones, pensamientos, sensaciones. No los clasifica, no los censura, no los consiente ni malcría: los recibe.

No se trata de un amor romántico o idealizado, sino de un estado de contacto genuino con lo que es, con lo que aparece. Como si cada movimiento interno fuera un hijo que vuelve a casa: el miedo, la tristeza, la alegría, el deseo. Todos tienen lugar. Y entonces, el hogar interior está habitado. No por teorías ni explicaciones, sino por una apertura que acompaña. No son monstruos: son mensajes. No representan una amenaza: son energía retenida. Con amor y presencia, lo que asustaba descansa y vuelve al flujo de vida.

El amor, como cualidad receptiva interna, también puede distorsionarse cuando no está acompañado por la autoobservación:

La suavidad se vuelve debilidad.

La receptividad, resignación.

El cuidado, sacrificio.

La belleza, culto a la imagen.

La apertura emocional, drama.

El descanso, inercia.

Como consecuencia, asusta sentir; y al dejar de sentir, nos alejamos de la vida. En ese alejamiento, también nos alejamos del amor.

Sin presencia, el amor pierde contención. Y cuando falta el amor, la presencia pierde foco: no sabe lo que hay que cuidar. Surge el miedo a habitar la casa propia, y la expectativa de que sea lo externo quien resuelva. Cuando ambas se encuentran, algo cambia: hay alguien en casa. Uno mismo se vuelve capaz de recibir lo que hay.

Somos mamíferos: nos movemos en manada. La convivencia forma parte de nuestras necesidades biológicas; estamos hechos para vincularnos. Aun así, eso no garantiza conexión interna, mucho menos externa. Manada no es sinónimo de hogar, aunque puede convertirse en un camino de regreso.

Las relaciones —por cercanas o incómodas que sean— pueden volverse campo de observación, mesa de trabajo, espejo. El roce, el afecto, la expectativa, el silencio… todo lo que se mueve en el vínculo activa contenido interno, señala puntos ciegos. Una tarea ardua, sí, no siempre elegida, aunque siempre disponible. El convivir se entrelaza con la posibilidad de acompañarnos también en lo interno. No se trata de idealizar una relación perfecta bajo los parámetros de una cultura insaciable. Se trata de habitar el presente, incluso cuando duele, y elegir compartirnos y mirarnos desde ahí.

El trauma, las emociones intensas, los pensamientos automáticos… no son enemigos: son visitantes. Y cuando hay alguien en casa, encuentran lugar y flujo. No se trata de volverse experto en acompañamiento emocional, sino en presencia amorosa. Acompañarnos —a uno mismo, a otros— a estar ahí cuando la vida toca la puerta: eso es solidaridad.

Vivimos en una sociedad que teme sentir en tiempo real. Avergonzada, rígida, asustada…Y, sin embargo, somos una especie profundamente resiliente. Muchas veces es el quiebre lo que abre el camino: el inicio de la autoobservación. No para resolver todo, sino para acompañar con presencia lo que se mueve dentro, en este instante.

Sentirse completo no significa hacer más ni sentir menos. Significa habitar la propia experiencia con presencia y amor. Esa sensación de haber completado un trámite no viene del resultado externo, sino de haber estado ahí para uno mismo: disponible, sin escapar.

El trámite verdadero es interno. Requiere presencia en lo que se hace y en lo que se siente. Solo así se vive como completo, sin necesidad de volver atrás. La autoobservación no está limitada al tiempo ni al espacio. Puede suceder en cualquier instante. Y cuando esos instantes se vuelven frecuentes, se teje una profundidad que sana ausencias pasadas y cultiva confianza ante la vida. Nos flexibiliza para entrar y salir del contacto con uno mismo.

Los pensamientos, emociones y sensaciones llegan sin pedir permiso. Si no hay observador en casa, arrasan. Entonces creemos que la culpa es de quien tocó la puerta. Aunque el problema no es lo que llegó, sino que no había nadie para recibirlo. Cuando hay presencia y amor en casa, hay orden, hay paz, hay acción congruente.

Corporeizar un lenguaje vivo

No sabía más que lo mínimo sobre anatomía cuando ya estaba en la universidad. Estudiaba Contaduría Pública, y para eso se requerían otras habilidades. Fue poco después, al sumergirme en el yoga, las plantas, la iridología, el masaje terapéutico y la psicosomática, que empecé a mirar el cuerpo desde otro lugar. Todo eso lo involucraba. Una cosa me llevaba a la otra, impulsada por la curiosidad del autoconocimiento. Se abrió entonces una nueva puerta, no por lo que entendía, sino por todo lo que aún no sabía. Comprendí que habitar el cuerpo no es lo mismo que memorizar sus partes.

Todo se fue tejiendo con mayor profundidad. Aprender un poco de anatomía —aunque fuera de forma básica— me ayudó a escucharme mejor. Descubrí que el cuerpo no es solo un conjunto de órganos ni un receptor pasivo de enfermedades. Es un lenguaje vivo que expresa lo que a veces no puedo decir con palabras.

Un síntoma no siempre está aislado. A veces lleva consigo una emoción no dicha, una historia que se repite, un comportamiento que desconcierta. Puede ser una fidelidad silenciosa a algo que ocurrió antes de que yo naciera.

También he comprendido que ciertos malestares no nacen en uno, sino que se transmiten: lealtades invisibles, mandatos familiares, heridas no resueltas. Ahí es donde la psicosomática transgeneracional y la epigenética se encuentran. Ambas coinciden en algo esencial: lo vivido deja huella. Y esa huella puede transmitirse.

Experiencias intensas de abuelos o padres pueden marcar a quienes vienen después. No solo emocionalmente, también biológicamente. Sin embargo —y esto es lo más esperanzador— no estamos definidos por lo que heredamos.

Tanto la epigenética como la psicosomática afirman que hay plasticidad, que existe un margen de cambio. Que lo que observamos, lo que expresamos, las decisiones que tomamos, los vínculos que cultivamos y el entorno que habitamos pueden transformar esa herencia. La autoobservación, entonces, no es algo abstracto. Es una forma concreta de cuidar el cuerpo y la mente al mismo tiempo. Una manera de acompañarnos y, poco a poco, de devolvernos la libertad.

Estar con alguien de verdad, presente, es algo que se siente. No se trata de hacer muchas cosas ni de aplicar técnicas especiales. Es una cualidad que nace cuando uno escucha con atención, y eso se nota. Con el tiempo fui entendiendo que nuestra capacidad de conectar con otros —de sentirnos seguros, tranquilos, abiertos en una relación— está profundamente ligada a cómo aprendimos a acompañarnos desde pequeños. Si los primeros vínculos fueron frágiles, apresurados o distantes, es común que cueste sentirse en calma incluso en compañía.

Y aunque hay teorías que explican esto —como la teoría del apego o la llamada teoría polivagal— lo más importante no es dominarlas, sino reconocer que todos necesitamos presencia, antes que explicaciones o soluciones nacidas desde la desconexión.

De esa desconexión que se percibe, aunque no se diga nada. Esa que el cuerpo detecta cuando la otra persona no está del todo.

Ahí comencé a comprender que eso es lo que más valor tiene: la presencia que se cultiva dentro, al acompañarse con honestidad. Y aunque uso estos términos para nombrar lo que he ido comprendiendo, no intento defender teorías ni invitar a profundizar en ellas.
Sé que para algunas personas pueden sonar ajenos, o incluso contrarios a su marco de creencias. Pero no se trata de eso. Son solo nombres. Intentos por señalar algo más profundo.

Un gesto constante

La autoobservación va más allá de cualquier corriente o lenguaje técnico. Puede nutrirse de ciertos hallazgos, sí, pero no depende de ellos. Porque sin experiencia directa, toda teoría se vuelve solo una idea. Lo que realmente transforma es estar ahí. Con uno mismo. Presente, para entonces poder estar con otro.

El hacer y el sentir requieren un espacio sostenido por la presencia. Ambas dimensiones —la acción y la emoción— forman parte de una responsabilidad interna y demandan que yo me encuentre ahí, de verdad. Es como un bebé: si soy su madre, no basta con dejarle un objeto simbólico en la cuna, por más reconfortante que sea. No necesita una esencia que lo represente, sino mi presencia. Conmigo sucede igual. Hay momentos en los que no se trata de sumar estímulos o ideas, sino de acompañarme. Con atención. Con presencia.

Durante mucho tiempo creí que saber más significaba acumular información: leer, estudiar, mantenerme siempre ocupada en aprender. Sigo haciendo muchas cosas, me invento proyectos. Pero ahora me comprometo a revisarme constantemente: darme cuenta, atender lo que aparece, percibir necesidades en tiempo real, reconocer carencias antiguas, sombras, creencias y heridas que emergen en medio del movimiento. Poco a poco, he comenzado a acompañarme.

No me considero un ejemplo. Sigo conociéndome e intentando ser compasiva con mi ignorancia y mis errores. No doy consejos. No vengo a enseñar.
Comparto —eso sí— lo que la práctica de la autoobservación ha traído a mi vida. Cada uno sabrá qué le resuena y qué elige dejar pasar.

Valoro la dinámica humana como campo vivo para aprender a mirarme y sostenerme en el momento. Para habitar el milagro de estar viva a través de experiencias únicas e irrepetibles. Tomo prestado, tomo de muchos. Soy todos y agradezco. Soy practicante, y honro los regalos que me han llegado a través de herramientas y compañías.
Tengo títulos, sí, pero ellos no hablan por sí mismos de la práctica. Son trámites, tienen su lugar, y los disfruto junto con la gente y los encuentros que han llegado en ese camino.

Me he detenido más de una vez. He suspendido actividad laboral o social cuando lo siento necesario, no por crisis, sino por acumulación de ausencias. Ausencias de mí conmigo. Cuando todo se aquieta, aparece lo que no había escuchado: el cuerpo y la emoción hablando. Y en ese silencio interno, descubro que no necesito cambiar mi vida entera, sino volver a habitarla. Dar espacio a voces internas que ya no me representan.
He comprendido que la presencia no es un acto heroico, sino un gesto constante: acompañarme mientras sucede lo demás.

A veces me voy. Pero ya sé volver.
Y ese regreso se ha vuelto un arte. Mi favorito.

NOTAR

¿Estoy en casa para mí?

OPCIÓN DE PRÁCTICA TRES

¿Estoy en casa para mí?

¿Hay espacio en mí para recibirme? Para sentir lo que llega, respirarlo en el cuerpo y permitir que sea, con esa apertura del corazón que no empuja ni huye… solo está.

Como en cada capítulo, aquí tienes una opción de ensayo de la atención. Lo más importante: no te juzgues por la respuesta. Es solo un pretexto para volver a ti y acostumbrarte a ti.

Tres veces al día, detente por un instante y pregúntate en silencio, ya sea ante un pensamiento, una sensación corporal o una emoción: ¿Hay espacio en mí para recibirme? ¿Estoy en casa para mí?

En las prácticas anteriores, la propuesta era notar lo que surge. En esta ocasión, hay un micro, pero poderoso movimiento: notar desde qué estado interno recibo eso que emerge en mí.

No importa si estás en una conversación, en medio de una tarea o simplemente caminando. Si alguien te enjuicia, te lleva la contraria o te incomoda, no se trata de juzgar si lo que haces está bien o mal, ni de evaluar si lo haces con excelencia o descuido. Eso no es lo que estás observando.

La invitación es a notar cómo recibes lo que se manifiesta en ti en este instante:
pensamientos, emociones, sensaciones.

¿Me justifico ante una acción? ¿Me defiendo? ¿Trato de convencer a alguien —o a mí misma— de que esto no debería estar pasando? Cada uno de esos movimientos es una forma de negar lo que está vivo ahora. Es una manera de huir. Si algo de eso aparece, solo vuelve con compasión a ti y obsérvate en ese estado. Recíbete ahí.

No puede estar pasando otra cosa dentro de ti. Eso es lo que hay. Pero muchas veces no lo vemos por la dificultad de respaldar y sostener lo que surge desde la presencia y el amor. Por ahora, ese es el paso: notar.

Notar es hacernos responsables de la vida que se manifiesta en nosotros, en tiempo real. No solo observar lo que emerge, sino reconocer desde dónde lo acompañamos.

El momento es neutro. Lo que le da carga y sentido es nuestra percepción. La misma situación puede despertar algo muy distinto en cada persona.

La congruencia del momento

En un punto del tiempo decidí hacer una reunión para un festejo. Quise crear una dinámica íntima entre amigos y familia, así que definí que participaríamos diez parejas. Recuerdo los comentarios de algunas personas cercanas que, aunque invitadas, mostraron sus propios miedos: "Qué valiente, yo no podría no invitar a todos los amigos".

En ese instante me hice presente. Como esa mamá en el cuarto del bebé, lo importante no era responder, justificar o convencer. Lo esencial era estar conmigo, sostener lo que surgía en mí: las sensaciones corporales, las dudas que la mente proponía para protegerme, el miedo a no ser querida por no haber sido "correcta".

Me abrí a sentirlo todo y a observar los pensamientos sin defenderme ni intentar cambiar lo que había elegido. Di espacio a todo lo que surgió internamente, lo observé, noté cómo migraba de mi sistema y dejaba paz al no luchar con ello; lo acompañé sin empujarlo. No intenté cambiar ni el comentario de la persona ni mi decisión. Solo permanecí ahí, en mí, y seguí siendo congruente con el momento. Lo que sucedía dentro era para mí; nadie más podía hacer nada con ello. Incluso si invitara a más gente, surgirían movimientos nuevos por acompañar. Esta vez, para mí, así era perfecto y seguí con el plan.

Cuando me atrevo a estar en presencia ante lo que surge de mí y lo acepto, también se vuelve más fácil respetar las decisiones que otros toman sin tomarlas personal. La paz que llega después de estar presente es lo que inconscientemente buscamos en la acción y en el lugar equivocado.

Puedes jugar con esto en tu día. Cuando algo te cause ruido o emoción, en lugar de explicar o convencer a otros de tu punto de vista, observa. Solo nota. Como un juego. Como una práctica. Como un acto profundo de presencia y amor vivos. Estás vivo(a), y notarás cómo esa presencia se convierte, sin esfuerzo, en paz interior.

Donde vuelvo

Estar presente
no es estar en un lugar,
es estar en uno mismo.

No vine a ser perfecta,
vine a estar viva.

Sentir no es el problema,
el problema es huir.

A veces el cuerpo habla,
pero hemos olvidado su idioma.

No basta con saberse el mapa del cuerpo,
ni con resolver lo emocional desde la cabeza.

La presencia
no es heroicidad,
es un gesto suave, sostenido.

Cuando no huyo de mí,
puedo sostener lo que soy,
y aceptarlo.

Cuando lo acepto, te acepto,
y con ello, la vida.

La paz no es el silencio de afuera,
es la compañía de adentro.
Lo que cambia
no es la emoción,
es la forma de recibirla.

La madre ama y recibe,
el padre sostiene con presencia,
yo estoy aquí, en casa.

Salgo,
me pierdo…
y vuelvo.

NOTAR CUATRO

Cuerpo y carrusel: la coreografía interna y externa

Feria de la vida

Llamo "carrusel" al movimiento externo: lo que gira frente a uno cada día, lo que cambia de forma sin descanso. Personas, estímulos, sorpresas, cosas... Todo eso que aparece en escena y luego se retira, como parte inevitable de la coreografía de la vida. Pero también hay un carrusel interno: se activa al contacto con lo que ocurre afuera. Pensamientos que giran. Interpretaciones que regresan. Historias que se tejen una y otra vez.

Afuera, la vida se mueve.
Adentro, algo también se agita.
Y todo pasa por un mismo territorio: el cuerpo.

La línea entre lo externo y lo interno es tan delgada que apenas se distingue. Es curioso: el mundo se ve distinto cuando algo se acomoda adentro. ¿Y si nunca estuvieron tan separados como pensamos?

Considero que un buen punto de partida para ajustar la atención es el cuerpo. El más denso, sí, pero también —para mí— el más sencillo de abordar de los tres sistemas: cuerpo, emoción y mente. La influencia del carrusel se puede observar desde ahí, porque el cuerpo no miente, no se adelanta, no se va: está aquí. Hay teorías que explican que el corazón tiene un campo magnético más amplio que el del cerebro. No todo va de arriba hacia abajo —cerebro a órganos—; a veces, es al revés: el cuerpo siente, el pecho pulsa, el estómago intuye… y entonces el pensamiento se acomoda, se suaviza, se disuelve o alerta. Hay información que sube, no que baja. Tal vez por eso, cuando me detengo a escuchar desde el cuerpo, algo se organiza sin que yo lo piense.

El cuerpo es un gran anfitrión. Recibe la visita de la autoobservación que llega de forma amable. Entonces se abre con confianza y muestra su universo de sensaciones, como un mamífero que se deja acariciar la panza por el humano en quien confía. Lo que encoge al cuerpo ante la experiencia no es la sensación en sí, sino la manera en que le abordamos; cuando pensamos en vez de sentir, añadimos juicio que resiste, en vez de presencia que permite: la crítica, la interpretación, el intento de reprimir lo que está vivo, lo que se siente en ese momento. Tampoco hay que seguirlo todo con total atención, pero sí es útil hacer el hábito de detectar y relajar tensión mientras se reintegra la naturalidad de sentir, desactivando el autosabotaje. Recuperar la relación con el cuerpo es también aprender a apreciar el espectáculo y la feria de la vida que incluye el contraste, en lugar de resistirse a ella. Llegar al cuerpo con respeto quita protagonismo a los pensamientos desbocados.

¿Cómo darme cuenta de que estoy presente ante mis emociones, si ya las estoy sintiendo? Puede compararse con ese instante en que se bebe algo muy frío y la parte interna de la nariz se resiente hasta el hueso. En ese momento no puede hacerse nada: es tan interno que no se puede tocar. Lo único que queda es esperar a que el frío pase y poco a poco se recupere la temperatura. Eso es todo: no se pide más en ese instante. "Arreglar" la sensación tiende a abrir puertas de salida falsas con consecuencias indeseables. Son momentos breves y cotidianos.

Sientes que algo aprieta... nota tal cual el cuerpo: algo tiembla, pulsa o se entumece. Acompaña esa sensación sin tener que modificarla. Aprender a recibir, sostener y respaldar las sensaciones es dejar de temerse a uno mismo. Las emociones en el cuerpo duran solo unos segundos... cuando no se retroalimentan con los pensamientos.

Cada sensación tiene su singularidad. Abrirse a ella con curiosidad, vivirla y sentirla marca la diferencia. Cuando hay presencia y amor, la envidia, la ira, el morbo, la compasión, el placer, el miedo... todas cobran vida y se despliegan con libertad en su propio hábitat.

Aparecen.
Desaparecen.

Pero cuando luchamos contra ellas, se endurecen, se esconden en la sombra, en los tejidos del cuerpo, en los rincones de la psique y terminan impulsando salidas falsas o acciones automáticas. Desde ahí, también educamos: enseñamos —sin querer— a los demás a reprimir lo que sienten.

¿Por qué negar el movimiento? No para el descontrol, sino por asertividad. Luchar contra él es luchar contra la naturaleza y ser atropellado por los caballos.

En medio del vaivén

Fortalecer la relación con lo que sucede dentro, en conexión con lo que ocurre fuera, es comenzar a conocer… para dejar de temer. Cultivar un vínculo con los propios recursos permite acceder a ellos con más claridad y asertividad ante el movimiento complejo del día a día. No puedo conocerme seleccionado un par de emociones y negando las demás, todas son recursos. Así como no se puede entrar al Amazonas solo con tacones. Se necesita más de una herramienta para transitar el territorio. Lo mismo ocurre con las emociones: cada una tiene su razón de ser, es una herramienta en sí. Ser consciente de las sensaciones afina el vínculo íntimo con la vida, y con los recursos internos que ya están ahí. Desde esa presencia, también se transforma el vínculo con los demás. Cada quien atento a su propio carrusel, como compañeros de viaje puliendo destrezas, presentes en el trayecto y transformándonos unos a otros en cada encuentro.

Una relación de adultos no tiene que ver con la edad, sino con la madurez de saber sentir y la capacidad de hacerse cargo del flujo de emoción y pensamiento. Una sociedad y educación sana ayuda desde niño a permanecer atendiendo el centro de movimiento; desde esa conexión, las relaciones y teorías toman otro sentido: en vez de perderse en ellas,
es posible explorar la vida a través de su reflejo, sin anclarnos en tener razón ni evitar el conflicto.

Estar ahí, presentes.

Cada uno en su relación con el carrusel y acompañándonos en el viaje.

Intentar cazar los caballos del carrusel para encerrarlos y fijarlos en el tiempo
es dejar de fluir con la vida. Basta observar cómo se desvanece la majestuosidad de un ser vivo cuando se le encierra para poseerlo. Se empobrece tanto quien captura como quien es capturado.

Una emoción dura apenas unos instantes... luego viene otra. No pertenece al carrusel externo, sino a la experiencia interna, fugaz y viva. He ahí la confusión: querer retener lo que por naturaleza cambia.

La belleza no se atrapa,
surge como consecuencia
de la libertad y espontaneidad.

Y cuando se intenta forzar, se transforma en angustia por no perderla.

El carrusel gira,
con o sin nosotros,
la vida no se detiene.

Intentar retener el caballo de un carrusel ajeno —ya sea del amor, del prestigio, de la aprobación, etcétera— es una ilusión. La cacería de emociones, hacia uno o hacia el otro, se convierte en manipulación.

Y la manipulación es solo otra fase que vale la pena observar para conocer.

Conocer no es evitar.
Conocer es libertad.
Libertad de estar disponible para el siguiente escenario.

Observar el danzar del carrusel permite conocer el propio fondo a través de cada caballo. Y cuando uno permite, se vacía en vez de retener; queda el vacío fértil que da paso a la siguiente manifestación. Desde la autoobservación nace la autenticidad. No se engaña a lo que se siente. Y esa autenticidad… es la plataforma para la siguiente acción.

Abrirse a sentir en medio del movimiento
despierta vulnerabilidad.

Percibir las cualidades vibratorias de cada sensación puede ser incómodo, incluso abrumador. Emociones como el terror, el desprecio o la vergüenza sacuden el cuerpo y alteran nuestro estado interno si no sabemos sostenerlas. Pero la autoobservación no excluye nada. Acompaña todo lo que surge con presencia y amor. No se trata de martirizarse ni de dejarse arrastrar sin dirección.

Se trata de escuchar.
Porque el sentir —incluso el más incómodo—
también trae mensajes, opciones, caminos.

A veces pide moverse, otras, expresarse con firmeza. Y así, una y otra vez,
en cada giro del carrusel.

Incluso en medio del vaivén,
es posible experimentar momentos de paz, de libertad.

Con el tiempo, al familiarizarnos con lo que sentimos, nace una forma más suave de estar… y una confianza más profunda en lo que somos integralmente. Estar en paz no significa que todas las sensaciones se vuelvan agradables. Tampoco se trata de negar las desagradables. Tiene que ver con la relación que se tiene con ellas. Y esa relación… también puede transformarse.

Entre mareos y risas

Me gustan las metáforas. Son la forma en que se me facilita la práctica de algo tan abstracto y que requiere repetición constante. Es la repetición la que va modificando el hábito y encontrando las variables a atender. Aunque parezca redundante, en la práctica todo cobra sentido: la reiteración no es un error, es una vía. Así es como he podido comprender —y nombrar— algo tan intangible como la experiencia de autoobservación.

Observar patrones me llevó a nombrar "carrusel" al juego de formas que danza en correlación exterior - interior... Se convierte en una feria en movimiento.

No es de un día para otro que uno se convence de dejar de intentar cambiar lo de afuera. Yo misma sigo resistiéndome a veces. Ir hacia adentro me ha costado presencia, coraje y continuidad. Y lo sigue siendo. He recorrido teorías, prácticas, caminos. Pero la inercia de buscar respuestas afuera —y creer que eso está desconectado de lo interno— es muy fuerte. Es un hábito colectivo, incrustado en la cultura, en la historia, en las películas, en las canciones... hasta en las charlas más simples de cada día.

Hay momentos en los que intento estar presente... y otros en los que no. No siempre es necesario: lo automático también tiene su función. A veces, la alarma suena con el malestar o la tensión, como un llamado a estar. Confío en ella, aunque no siempre responda. Así es.

Así es esta feria: entre mareos y risas. Surge la rigidez justo cuando más deseo suavizar. A veces parece que voy en retroceso. Me descubro queriendo controlar lo que siento, y eso me molesta. Lo juzgo como una derrota, como si hubiera algo que ganar, como si existiera una gran distancia entre la realidad y la paz. Pero entonces, de pronto, en la práctica... todo se vuelve a acomodar.

Surgen momentos en los que algo en mí quiere pelear. Como si soltar el control fuera rendirme, dejarme pisar. Regresan los hábitos, los síntomas de la desconexión. La víctima cobra fuerza desde ahí, como una vieja conocida que sabe exactamente a dónde ir. Entonces vuelve la compasión. ¿Cómo no habría de ser así, si he pasado toda una vida entrenándome para "pensar antes de actuar", para negar lo que siento y mostrar lo correcto? Y, sin embargo, aquí estoy. Conmigo. Acompañándome una y otra vez en plena vorágine interna, intentando detener el carrusel... como quien intenta frenar un río con las manos. Hasta que me rindo.

Sigo integrando que atenderme no significa forzarme a estar bien, ni callar lo que siento. Tampoco se trata de ser buena, ni perfecta. Es más bien acompañarme a mirarme con honestidad, acercarme a mí ante el galope de los caballos. A veces los percibo suaves, otras desbocados. Y cada vez, me doy cuenta de que no se trata de controlar el ritmo...
sino de estar ahí, conmigo, aunque no entienda.

No lo aprendí por voluntad. Lo aprendí porque no me quedó otra opción ante tanto drama interno. Porque el cuerpo pidió paso. Y ya no pude seguir negándolo. Ahí estaban las sensaciones. Eso era lo que había estado evitando por tanto tiempo. Y entonces entendí algo…no con la cabeza, sino con el cuerpo. Poco a poco empecé a quedarme, a observar, a permitir. Podría parecer una actitud pasiva, pero frenar el viejo impulso de huir requiere voluntad. Requiere presencia. Confianza. Esa confianza de quedarme un instante más, de ver lo que surge sin disfrazarlo. Dejar al intelecto descansar un momento. Y confiar —aunque sea un poco— en que algo dentro de mí sabe cómo atravesar esto. Sigo aprendiendo a mirar. A no salir corriendo cuando algo me toca. A dar espacio. Porque cada emoción tiene un lugar, y una función.

Descubrí la importancia de estar atenta. No para proteger la imagen que construí de mí, ni lo que creo que "debería" sentir o hacer, aunque sigue siendo una gran tentación que requiere atención. Noto que a veces, cuando alguien hace algo que me confronta, reacciono con la urgencia de no querer sentir lo que me provoca su emoción o su actuar. Me sale el impulso de corregir al otro. Y entonces me doy cuenta: lo que parecía coherencia o empatía…muchas veces era miedo. Miedo disfrazado de buena intención, o de control, o de manipulación. Sigue surgiendo, más la presencia lo asume sin castigo.

También he visto cómo algunas personas —yo incluida— intentamos atrapar ciertos caballos del carrusel: esa emoción que nos hizo sentir vivos, ese momento de reconocimiento, ese instante de éxtasis. Queremos que se quede, que dure. Y, al mismo tiempo, deseamos que otros no vuelvan jamás.

Pero el carrusel gira.

Y si no giro con él, me estanco… o me mareo. Porque la vida no se detiene,
aunque yo niegue o cierre los ojos. Entonces lo veo: la angustia agitada no venía de lo que pasaba, sino de querer retener. Retener en uno y retener en otros: que no se vaya, no cambie, no deje de admirarnos, que se quede justo ahí, en la emoción que a nosotros nos gusta. Pero eso también es una forma de manipulación. Normalizada y real. La presencia no lo juzga, lo muestra, y desde esa mirada es más fácil soltar.

Así descubrí que la verdadera madurez no tenía que ver con pulir la historia que me cuento, ni con cuánto había estudiado, entendido o sabía explicar lo que sentía. Tenía que ver con atreverme a sentir. Con quedarme ahí, presente, y desde ese lugar reconocer lo que necesitaba en ese momento, con honestidad. No para resolver rápido, sino para encontrar primero la paz…y desde ahí, dar el siguiente paso. No para demostrar, sino para experimentar.

Un paso que nazca de la autenticidad,
de la apertura,
de la confianza en ese nuevo movimiento.

NOTAR

¿Cómo se siente en el cuerpo lo que experimento, en provocación con el movimiento externo?

OPCIÓN DE PRÁCTICA CUATRO

¿Cómo se siente en el cuerpo lo que experimento en provocación con el movimiento externo?

Como en cada capítulo, aquí tienes una opción de ensayo de la atención. Lo más importante: no te juzgues por la respuesta, es solo un pretexto para volver a ti y acostumbrarte a las sensaciones corporales. La pregunta sugerida es un medio, una herramienta, no un fin.

Puedes hacerla una vez, o varias veces al día, como una actividad de gimnasio cuidadoso y seguro, a la vez poderoso, que ayuda a tomar condición para fortalecer el hábito de autoobservación.

Tres veces al día, detente un instante y pregúntate en silencio: ¿Cómo se siente en el cuerpo lo que experimento en provocación con el movimiento externo?

No pienses la respuesta, no busques una respuesta mental. Ni intentes cambiar lo que aparece internamente. Solo nota. Puede ser una presión en el pecho. Un temblor en las manos. Una rigidez en la mandíbula. Una expresión contenida. Dale espacio. Hazle un lugar en tu atención, como quien recibe una visita sin necesidad de entretenerla ni juzgarla.

Si aparecen pensamientos, también pueden observarse. Pero vuelve al cuerpo. Vuelve al sentir. Hazlo sin buscar un resultado. Hazlo para conocer las capacidades del territorio corporal, no para cambiar, sino para presenciar. Hazlo con la disposición de no intervenir ni cortar la sensación, con la misma apertura con la que sientes un escalofrío.

La tendencia es pensar para actuar y buscar en la acción cortar la sensación. Esta vez, aunque sea por unos instantes en el día, la propuesta es distinta: antes de pensar, abrirse a sentir hasta que la sensación se agote por sí misma, esa descarga eléctrica y química en el cuerpo, dando espacio y presencia.

No la alimentes con pensamientos. No hace falta que sean grandes decisiones:

empieza con algo simple. Por ejemplo, si surge enojo o cualquier otra emoción o sentimiento de baja intensidad en tus interacciones del día… ¿Cómo sé que es enojo? ¿Qué pasa en el cuerpo que sé que no es tristeza? Obsérvalo con curiosidad.

Si sientes prisa por llegar a una cita… ¿Cómo se siente en el cuerpo esa urgencia? Intenta localizar tres sensaciones físicas en la situación. Tal vez: tensión en los puños, calor en el rostro, corazón acelerado. No importa si estás en medio de una conversación, de una tarea, o simplemente caminando. Si alguien te contradice, te juzga, te inquieta… haz una pausa y regresa al cuerpo. No se trata de juzgar lo que sientes. Tampoco de hacerlo perfecto. Eso no es lo que estás observando.

Lo que estás invitado a notar son las sensaciones corporales en este justo instante. ¿Dónde las percibes? Solo nota. Y si te ayuda, nómbralas en voz baja, sin interpretar: "presión en el pecho", "calor en la nuca", "cosquilleo en la mano derecha". Solo eso. Notar.

Estás observando cómo se manifiesta la vida en ti, y también los recursos que tienes disponibles. Solo necesitas relacionarte bien con ellos para que, llegado el momento, puedan ser brújulas, alarmas, opciones que te acompañen en vez de asustarte. Cuando tengo una buena relación con mis propias sensaciones, puedo permanecer estable ante las de otros —o al menos—, acompañarlas. Y si yo puedo acompañarlas, confío también en que el otro podrá sostenerlas, sin necesidad de "salvarle" de lo que siente. En este momento, en este cuerpo, mientras el carrusel gira.

Y si por alguna razón no hubo oportunidad, no pasa nada. Hazlo después. Reconecta con el momento. El cuerpo sabe. Te traerá de vuelta las sensaciones que no pudiste acompañar. Y si haces un alto, aún después, puedes estar ahí.

En la práctica personal, o cuando acompaño a alguien, si la persona está muy mental, le pido que se coloque en la escena exacta donde surgió la incomodidad. Y desde ahí, que sienta el cuerpo como si fuese un niño pequeño que solo sabe decir:

"Me tiembla la pierna."
"Se me cierra la garganta."
"Siento un nudo en el estómago."

Le pido, como hemos comentado, que se quede ahí, dando espacio, estando para esa sensación, hasta que se agote por sí misma. Si la respuesta es: "Siento que fue injusto",
eso es una interpretación. Entonces pregunto: ¿Y cómo se siente la injusticia en el cuerpo? En ese instante exacto... ¿cómo lo supiste en el cuerpo? A veces se tarda en llegar al cuerpo. Es normal. Solo requiere paciencia y práctica.

No puede estar pasando otra cosa dentro de ti. Eso es lo que hay. Y, por lo general, cuando eso sucede, no hay nadie en casa para recibir esas sensaciones. Por eso se quedan atrapadas y se repiten mentalmente en forma de resentimiento si no fueron atendidas, se reciclan en el diálogo interno. Sin saber que, cuando se agotan, las respuestas y acciones que surgen pueden ser completamente nuevas. Cuando el cuerpo se relaja, la mente se expande.

Notar es hacerse presente.
Notar es hacerse cargo.
Notar es hacerse hogar.

Bailar con el carrusel

El carrusel no se detiene.
Estimula el propio,
pero puedo quedarme quieta (o)
en el centro, notando.

No hay que entenderlo todo.
Solo acompañar el temblor en el estómago,
la vibración detrás de los ojos,
a tiempo real o cuando surja el recuerdo.
Nunca es tarde.

No es martirio, es intimidad.
Es relación con la vida.

Sentir no es drama.
Es verdad en tránsito.

Aprender a sentir es aprender a ser honesta (o),
no con los demás primero, sino conmigo.

Y en esa honestidad, no todo es suave.
A veces la vulnerabilidad me deja temblando,
pero incluso eso es digno de amor.

La diferencia no está en lo que hago,
sino en cómo me acompaño.

Cada emoción que permito
es un caballo que se libera,
y cuando lo dejo ir,
me deja espacio adentro.

Una emoción no se queda a vivir.
Solo quiere que le abra la puerta,
que no la disimule,
que no la encierre en un argumento.

Pensar no es lo mismo que sostener.
Sostener es estar.
Quedarse un momento más.
Respirar cuando no hay certeza.

La paz no se busca,
no llega cuando las emociones se van.
Se encuentra cuando dejo de pelearme
con lo que siento.

Y sí… he tenido momentos de paz,
no porque todo estuviera bien afuera,
sino porque dejé de exigirme estar
en otro lugar distinto del que estaba.

No vine a domar al carrusel,
vine a bailar con él,
y a recordar que, incluso girando,
puedo habitar el centro.

NOTAR CINCO

Intensidad como termómetro emocional

El cuerpo guarda sabiduría antigua

Comprendí que no necesito ser médica ni experta en anatomía o psicología para acompañarme. Agradezco profundamente los aportes de quienes han investigado el cuerpo y la mente, y valoro ese conocimiento. En mi caso, fue la necesidad —como alumna del mundo, de la vida, no la profesión— lo que me llevó a indagar. Quería entender lo que me pasaba. Al conocer un poco más sobre cómo funcionamos, algo se acomodó: pude dar contexto a mis estados, soltar parte de la exigencia, mirarme con más compasión. No comparto esto para enseñar, sino porque a mí me sirvió. Fue un puente que me acercó a mí misma. Y eso ya es medicina.

Las emociones son orgánicas y están vivas, latentes. Se activan como respuesta natural del cuerpo ante ciertos estímulos y necesitan tiempo para volver al reposo. Son procesos breves, fisiológicos, que movilizan energía y preparan al organismo para actuar. Cuando se reprimen o no encuentran espacio para expresarse, no desaparecen: quedan impresas como una huella en el cuerpo y en la psique, y pueden reaparecer una y otra vez ante situaciones similares. Lo que queda encapsulado no es solo la emoción original, sino también el impulso que no pudo realizarse, la tensión física acumulada y la historia que quedó sin cerrar.

Con el tiempo, lo no expresado se transforma en un patrón reactivo que se activa como si aquello vivido siguiera ocurriendo. Por eso, abrir espacio para sentir —con presencia y seguridad— permite que esas emociones encuentren salida y el sistema vuelva al equilibrio. Poder compartirlo verbalmente, en un espacio cuidado, complementa esa liberación. La escucha activa es un gran remedio. Para saber escuchar a otros, primero hay que saberse escuchar a uno mismo. Así nos volvemos una plataforma evolutiva, un tejido humano que sostiene, acompaña y transforma.

Un sentimiento surge cuando la emoción se mantiene o se interpreta desde la mente: la nombramos, la juzgamos, la vinculamos a una historia personal. Esa elaboración mental puede intensificarla o prolongarla. La emoción pasa, pero el sentimiento puede quedarse... si se sigue alimentando desde el pensamiento.

Cuando no hay una escucha consciente —ni hacia uno mismo ni hacia el otro— respondemos desde lo que creemos entender. A veces con buenas intenciones pero con mucha ignorancia, a veces simplemente por miedo a escuchar de verdad. Así, lo verdaderamente importante se pierde: no escuchamos al otro, sino que respondemos a nuestros propios miedos.

La comunicación se llena de vicios, crítica y confusión. Basta con observar una plática casual, una charla de café: lo que parece compañía muchas veces no es más que retroalimentación del drama compartido. Atender la historia que nos contamos es importante; hacerlo desde un lugar de conciencia lo transforma todo. Solo así podemos, en un contexto seguro y presente, dar espacio a lo que necesitaba atención y resignificar la situación, sin quedar atrapados en ella como individuos y como comunidad.

Pensamientos, emociones y sentimientos pueden acompañarse desde la autoobservación. Volver al cuerpo y notar cómo respira es un buen inicio para el acercamiento a uno mismo: observar la intensidad de las sensaciones sin interpretarlas, simplemente notarlas. Interpretar —sobre todo desde viejos vicios y juicios— es como soplar viento frente a un incendio: las emociones se alteran, se avivan, se desbordan. Si eso sucede, no hay que luchar: basta con darse cuenta.

Resignificar no alimenta el fuego; lo transforma. Puede provocar catarsis, incomodidad o movimiento, pero también abre la posibilidad de cambio. Entonces el fuego pierde fuerza, no arrasa. La resignificación llega como el agua: no para apagarlo desde la represión, sino para dejar que las cenizas se asienten… y se vuelvan abono.

Algunas formas de educación han ignorado el funcionamiento de las emociones y han reforzado la creencia de que sentir es algo que debe evitarse o controlarse. Lo intenso se interpreta como peligroso. Por eso, muchas veces preferimos encerrar lo que sentimos, como si fuera una amenaza. Lo que venía solo de paso… se queda de planta. Se instala, se estanca, se tensa. Y ahí permanece, hasta que uno mismo abre la puerta, le da flujo, le da espacio.

La autoobservación nos permite eso: quedarnos sin invadir, sin escapar. Solo estar. Cuando una sensación tiene la oportunidad de moverse, puede completar su ciclo. Acompañarla con la respiración —sin forzar, sin distraerla— es darle la posibilidad de expresarse, como lo haría un animal que tiembla y se sacude. Los perros nos muestran algo similar en escenas cotidianas: después de un susto, una pelea o un juego intenso, se sacuden. No esconden su tensión. No la acumulan ni la justifican. Simplemente dejan que el cuerpo complete el ciclo. Lo hacen varias veces al día. Una interacción los tensa… y se sacuden. Así, su cuerpo recupera equilibrio sin quedarse atrapado en el evento.

Lo que para nosotros podría convertirse en una historia repetida o en una emoción estancada, para ellos es solo un momento que pasa a través del cuerpo y se libera. Nosotros también podemos. El cuerpo guarda esa sabiduría antigua; solo pide tiempo, permiso y presencia para recordarla. A veces, también necesita ayuda. Porque no todo se sana solo. Cuando la herida es profunda o la experiencia abrumadora, acompañarse de alguien que sepa sostener el espacio con respeto —que escuche con atención, que ayude a resignificar con claridad y sin prisa— se convierte en un acto de amor, en un hilo más del tejido que nos sostiene.

Un recurso perfecto

El sistema nervioso autónomo reacciona de inmediato ante los acontecimientos. Si se vive un impacto emocional fuerte y el cuerpo lo percibe como amenaza, entran en juego las respuestas más primitivas del sistema nervioso, vinculadas al tronco encefálico y al sistema límbico. Entrenados durante milenios para protegernos, activan reacciones automáticas como el congelamiento, la huida o el ataque. Con ellas aparece la intensidad: el corazón se acelera, el estómago se cierra, los músculos se tensan. No es un pensamiento; es un recurso perfecto: el cuerpo responde antes de que podamos explicarlo, buscando asegurar la supervivencia.

El neocórtex —esa parte más reciente del cerebro asociada al pensamiento racional y a la elaboración consciente— suele llegar después. Como un ajustador de seguros que aparece tras un choque, intenta organizar lo ocurrido. Solo cuando la situación no es demasiado estresante puede intervenir desde el inicio. Pero a veces, en lugar de organizar, bloquea la información o incluso la intensifica, si se ve sobrepasado. Por eso, acompañar su actividad desde la presencia ayuda a suavizar el impacto y facilita la integración.

Acompañar el momento con la respiración favorece la regulación del sistema nervioso y permite que el flujo sanguíneo vuelva a distribuirse hacia zonas corticales del cerebro, especialmente el neocórtex. Así se abre la posibilidad de atender lo que ocurre con mayor claridad y presencia. Comprender este sistema biológico de supervivencia permite dejar de juzgarlo como un fallo y empezar a aprender de lo que sucede. En vez de avergonzarnos por una reacción intensa, podemos observarla, atenderla y ofrecerle otra salida. Poner conciencia y compasión ante la intensidad —propia o ajena— es también una forma de responsabilidad social. Y puede cultivarse comenzando con uno mismo: practicando la autoobservación, respirando con el cuerpo presente y reconociendo que la biología no es destino, sino terreno fértil para el cambio.

Visitar, en compañía del cuerpo, las memorias bloqueadas por supervivencia es una manera de abrir espacio a lo que no pudo sentirse en su momento, mientras se narra la vivencia. No se trata de entender con la mente, sino de permitir desde la presencia. Observar la respiración, sentir con paciencia y amor, ayuda a liberar lo contenido y trazar nuevas rutas frente a ciertos estímulos. Soltar los frenos no significa perder el control, sino dejar de reprimir con rigidez para empezar a responder con conciencia. Para ello hay que dar lugar a lo que no tuvo espacio.

Existen memorias —personales y colectivas— que quedaron sin acompañamiento. A veces se manifiestan como creencias rígidas, reacciones intensas o conductas que parecen no tener explicación, pero que impiden vivir con libertad y en compañía. Pueden irrumpir de golpe, disfrazadas de tristeza, enojo, miedo o confusión. Y su fuerza asusta, tanto en uno como en el otro. Porque sí: la intensidad del otro también nos mueve por dentro. En esos momentos, volver a una pregunta simple puede ayudarnos a salir del automatismo: ¿Qué se mueve en mí cuando esto aparece? Esa pregunta permite estar presentes sin culpa ni juicio. Y desde ahí, poco a poco, recuperar claridad… sin quedar atrapados en un estado de alarma que, la mayoría de las veces, ya no es necesario.

Acompañar lo que hoy obstruye —sea leve o intenso— es clave para autorregularnos desde la autoobservación. La diferencia es que, a mayor intensidad, se requiere mayor presencia-amor. Desde ahí, la culpa se disuelve y aparece una comprensión más profunda: eso que hicimos fue lo mejor que nuestro sistema pudo sostener en ese momento. No se justifica, pero se comprende. Y en esa comprensión… comienza la transformación.

Una intensidad alta dificulta permanecer presentes, incluso cuando se ha fortalecido la práctica. No es lo mismo un soplido que un huracán: ambos son viento, sí, pero su impacto es muy distinto. Ante un soplido, observar la respiración y abrirse a sentir puede darse con naturalidad: la sensación se nota, se acompaña, pasa, se disuelve. El huracán, en cambio, sacude todo el sistema: agita los pensamientos como hojas de palmera, hace temblar el cuerpo, y la tierra —ese suelo interno— se vuelve inestable. Parece imposible echar raíz. Acompañarse en ese vaivén y contener la intensidad para responder, en lugar de reaccionar, requiere práctica: un entrenamiento constante, amoroso… para poder quedarse, incluso cuando todo tiembla.

Intentar huir de una emoción intensa suele terminar en choque: con alguien, con algo o consigo mismo. A veces se descarga como impulso; otras, queda atrapada, girando en la psique, sin salida. Así resta creatividad y boicotea la experiencia. La costumbre suele ser pensarla, racionalizarla, buscarle sentido. Pero la emoción no necesita explicación: necesita una pausa sincera para ser sentida —especialmente cuando es intensa. Solo entonces el intelecto puede entrar, desde la escucha activa, no como vía de escape, sino como puente: para traducir la experiencia en una acción creativa, coherente, con sentido.

El movimiento se vuelve más claro cuando la emoción ha sido reconocida. Actuar antes de hacer una pausa puede herir más que la emoción en sí o que la situación que la produjo. Por eso, aunque parezca tarde, siempre es posible volver: al cuerpo, a la autoobservación, al instante donde algo quedó pendiente. Desde ahí, se puede redireccionar una ruta tomada sin conciencia. Hay personas o situaciones con quienes estar resulta más desafiante. Despiertan emociones y sentimientos con gran intensidad. Es común reaccionar. Es humano. Pero notarlo… ya es una diferencia.

Cuando la relación con las emociones y los sentimientos se vuelve más clara, y se es consciente del flujo de pensamientos, los actos ya no nacen desde la urgencia, sino desde la paz. Incluso el enojo —a veces necesario para poner un límite— puede surgir desde la congruencia: cuando pensar, sentir y actuar están en sintonía. Entonces se vuelve un recurso claro, no una vía de escape. Cuando se va descubriendo el potencial de la autoobservación, también se revela una estabilidad interna más poderosa que la intensidad emocional: la confianza de que ninguna emoción, por intensa que sea, es más fuerte que la presencia y el amor. Ellos permanecen intactos. Y no nacen de la negación, el control, la pretensión o la rigidez. Aunque aún se caiga en ello… poco a poco dejan de tener sentido.

En una paz más profunda que la tranquilidad antes conocida, se vuelve posible habitar el vaivén emocional desde otro lugar: se reconoce el complemento entre emociones, su razón de aparecer. No vienen a molestar. Vienen a equilibrar. Son una sofisticada brújula que da dirección.

A mayor práctica, mayor confianza en el recurso que brinda la autoobservación.

La intensidad no necesita otra receta: solo pide mayor estabilidad en la presencia-amor.

El sistema nervioso, en apoyo a la supervivencia, ante impactos fuertes se desconecta o disocia. Y eso… también es un recurso perfecto. Crear el hábito de acompañar y resignificar lo que en su momento no pudo gestionarse —aunque sea años después— es parte del camino.

El gesto cotidiano de volver

Me ayudó mucho notar la diferencia de intensidades en las sensaciones corporales y emocionales. Más allá de lo que pueda estudiarse, comprobarlo por una misma es revelador. Adentrarse en lo que se siente —especialmente cuando la intensidad es alta— requiere entrenamiento. Si no se cuenta con acompañamiento terapéutico, la práctica diaria puede ser el mejor recurso. Y aun cuando sí se cuente con ese acompañamiento, integrar prácticas cotidianas de autoobservación puede sostener y potenciar el proceso de vida, que es un camino. Son recursos accesibles que fortalecen la presencia y apoyan cualquier rol que ejercemos: liderazgo, crianza, trabajo en equipo, acompañamiento... tener un espacio interno al cual regresar hace la diferencia.

No es lo mismo entrar a una habitación ante un perro Chihuahua a la defensiva que ante un Dogo Argentino protegiendo su territorio. La intensidad cambia, pero la clave es la misma: saber cómo acercarse. Con las emociones intensas me ha pasado igual. A veces me han desbordado; otras, me he desconocido. Pero con el tiempo entendí que lo que necesitaban era presencia: más firme, más paciente, más constante. Desde ahí, las emociones dejan de dominar y se abren caminos de acción más claros y coherentes. Solo querían ser vistas desde otro lugar.

Me recuerdo en situaciones que me sobrepasaban, momentos en los que llegué a pensar que algo estaba mal en mi química cerebral. Busqué ayuda y, después de mucho andar, encontré a las personas adecuadas. Quería descartar la posibilidad de un trastorno, porque en ciertos episodios sentía que me perdía. Antes de eso, también me topé con terapias que, en lugar de ayudar, intensificaron mis estados. Por eso aprendí que el autocuidado no es solo lo que hago para mí, sino también cómo elijo y a quién elijo para acompañarme. Estar presente es parte de esa elección. Las decisiones que tomaba desde el desborde solo reforzaban mi malestar.

Con ellas —las terapeutas que sí pudieron acompañarme— trabajamos y revisamos mi historia. Me ofrecieron herramientas, sí, pero sobre todo, presencia amorosa, especialmente cuando la emoción se intensificaba. Fui afortunada en encontrarlas y en que trabajaran de forma integral, incluyendo el cuerpo, incorporando también lo que ya había explorado por otros caminos. Y comprendí desde dónde respondía, y que la verdadera rehabilitación no estaba solo en la terapia, sino a la par en el cuidado cotidiano: observarme, acompañarme, notar… conocerme para poder responder desde la asertividad.

Fue alentador que ambas terapeutas no me etiquetaran con diagnósticos ni me encasillaran de ninguna manera. Cada una, a su forma, me dijo algo similar: "Lo que has estado haciendo fuera de esta terapia… sigue haciéndolo. Es importante abordar y acompañar a fondo algunos aspectos dolorosos de tu historia, pero en lo demás lo has llevado bastante bien con los recursos que tenías."

Con eso, sentí confirmado el valor de la autoobservación.

Por eso me atrevo a compartir este ensayo. El apoyo terapéutico y el estudio del funcionamiento biológico me han ayudado a atravesar episodios de alta intensidad con mayor presencia. Pero ha sido la práctica sostenida, sola o acompañada, en autorregulación o corregulación —ese hábito de observarme sin juicio, una y otra vez— lo que más me ha sostenido en los momentos de mayor oleaje.

No siempre se puede controlar el entorno ni las respuestas que surgen, pero sí puedo elegirme como compañía. Volver a mí, sin exigencia, sin corregirme de inmediato. Solo estar. Respirar. Y desde ahí, tomar una decisión más clara. Esa pequeña pausa… lo ha cambiado todo.

He podido comprobarlo no solo en mí, sino también en otros. Llevo veinticinco años acompañando a personas —en sesiones individuales y en grupos— a fortalecer este hábito de volver a sí mismos. Los resultados son tan visibles como la hidratación de una buena crema sobre la piel: la presencia suaviza, nutre, da brillo. No borra la historia, pero sí transforma la forma de habitarla.

He visto cómo, con práctica, quienes se sienten perdidos comienzan a confiar en sus propios recursos. Cómo, incluso en medio de la tormenta, pueden encontrar tierra firme en su interior. Y eso no viene de fuera. Viene del gesto cotidiano de volver, de observar, de no soltarse la mano.

Cuando hay presencia, hasta lo más intenso encuentra un lugar donde descansar.

NOTAR

¿Puedo notar en mi cuerpo los matices de intensidad de una misma emoción ?

OPCIÓN DE PRÁCTICA CINCO

¿Puedo notar en mi cuerpo los matices de intensidad de una misma emoción?

Como en cada capítulo, aquí tienes una opción de ensayo de la atención. Lo más importante: no te juzgues por la respuesta, es solo un pretexto para volver a ti y acostumbrarte a las sensaciones corporales, notar la diferencia en la intensidad. La pregunta sugerida es solo un medio, una herramienta, no un fin.

Es recomendable revisar la opción de práctica del capítulo anterior. La diferencia entre aquella y esta es solamente la intensidad.

Tres veces al día, detente por un instante y pregúntate en silencio: ¿Cómo se siente en el cuerpo lo que experimento en este momento? ¿Puedo notar en el cuerpo las variantes en la intensidad de las sensaciones?

No busques una respuesta mental. No intentes cambiar lo que aparece. Solo nota.

Puede ser una presión en el pecho. Un temblor en las manos. Una rigidez en la mandíbula. Unas ganas de gritar. Dale espacio. Hazle un lugar en tu atención, como quien recibe una visita sin necesidad de entretenerla ni juzgarla.

Si aparecen pensamientos, también pueden observarse. Puedes notar cómo los pensamientos intensifican la sensación. Por ello es MUY IMPORTANTE: vuelve al cuerpo. Vuelve al sentir y respira. Si necesitas mecerte mientras tanto, hazlo; o sacude tu cuerpo brincando, no para huir, sino para acompañar. Hazlo sin buscar un resultado. Sin expectativas de que ya pase, sin prisa. Hazlo para conocer, no para cambiar.

Proponte quedarte en el cuerpo, no en los pensamientos. Esa es una gran tentación.

El hábito es huir. Vuelve al cuerpo, a la sensación, sin huir. Esas sensaciones no necesitan que huyas de ellas. Necesitan tu presencia, necesitan permiso de estar en el cuerpo sin que "la mente las corra" ni las alimente. MUY IMPORTANTE.

Mientras tanto, respira. Observa tu cuerpo respirar.

La tendencia es pensar para actuar. Esta vez, aunque sea por unos instantes en el día, la propuesta es distinta: antes de pensar, abrirse a sentir.

No hace falta que sea con grandes decisiones. Empieza con algo simple.

Si alguien se atraviesa en el tráfico y tienes una subida de intensidad… ¿Cómo se siente en el cuerpo? Intenta localizar tres sensaciones físicas. Eso ayuda a concentrarte en el cuerpo y no en el pensamiento. Tal vez: tensión en los puños, calor en el rostro, corazón acelerado.

No importa si estás en medio de una conversación, una tarea, o simplemente caminando. Si alguien te contradice, te juzga, te inquieta… haz una pausa y regresa al cuerpo.

No se trata de juzgar lo que sientes, tampoco de hacerlo perfecto; eso no es lo que estás observando. Estás observando la intensidad entre una emoción y otra.

Si por alguna razón no hubo oportunidad de acompañar la sensación en el momento, puedes hacerlo después. Reconecta con la escena, y el cuerpo te traerá las sensaciones que no pudieron ser acompañadas en su momento.

Extracto de Thich Nhat Hanh, que tomo prestado, resume mucho en pocas palabras:

"Cuando te enojes, vuelve a ti mismo y cuida de tu ira.

Y cuando alguien te haga sufrir, regresa a ti mismo y cuida de tu sufrimiento.

No digas ni hagas nada, porque cualquier cosa que digas o hagas en un estado de ira podría estropear más tu relación.

La mayoría no lo hacemos; no queremos volver a nosotros mismos, sino perseguir a esa persona para castigarla.

Pero si tu casa se está incendiando, lo más urgente es volver a ella e intentar apagar el fuego, y no echar a correr detrás del que crees que la ha incendiado,

porque si lo haces, tu casa se quemará mientras te dedicas a atraparlo…"

Cuando todo tiembla

A veces el cuerpo tiembla
y se le reprime.
Otras, la mente grita
y el cuerpo se encierra.

Lo que no fue sostenido en su momento
puede regresar como tormenta,
pidiendo abrazo,
no análisis.

No hay emociones equivocadas.
Hay sensaciones que no encontraron
quién las escuchara a tiempo.

La intensidad no es enemiga.
Es la voz del sistema pidiendo un puente,
un paso a casa.

No necesitas ser médico
para acompañar al cuerpo.
Solo estar ahí,
un rato más.

A veces, el alma se estremece
por cosas pequeñas en apariencia,
pero es que tocaron
una herida muy grande.

La intensidad no necesita que la encierres.
Necesita que la recibas.

Tu cuerpo no está exagerando.
Está contando una historia
que olvidaste escuchar.

Cuando todo tiembla,
tú puedes ser la tierra firme.

El amor no calma porque soluciona.
El amor calma porque está.

No hay cura más grande que tu presencia
mientras el carrusel gira,
aunque sea a toda velocidad.

NOTAR SEIS

Mientras el cuerpo respira

El hábito más poderoso y simple

Cierro los ojos y observo al cuerpo respirar.
Abro los ojos y observo al cuerpo respirar.

Como quien entra en silencio al cuarto de un bebé dormido: sin apuros, sin exigencias, sin intención de intervenir. Solo para estar. Así llevo mi atención al cuerpo. Me acerco a su ritmo, a su fidelidad. No doy órdenes, no lo corrijo. Esta vez lo dejo en paz… y aprendo de él. Lo reconozco. Y me cuido en él.

Qué diferente es llegar que habitar. La autoobservación puede comenzar —o no— por ahí. Somos tan amplios, tan complejos… un edificio lleno de puertas y ventanas. Esta es solo una de tantas entradas posibles.

Observar al cuerpo respirar puede parecer una acción mínima, casi inútil frente al caos del día. Pero es justo ahí, en ese gesto silencioso, donde comienza la posibilidad de encuentro. No con ideas ni con metas, sino con la vida misma, tal como se está manifestando. El cuerpo respira incluso cuando no le presto atención. Aun cuando mi mente corre o se dispersa, el cuerpo sigue respirando. Y esa constancia —a la que pocas veces me entrego— es una muestra de fidelidad de lo que soy, incluso en medio del olvido.

He estado ahí, corriendo tras pensamientos, argumentos, defensas. No se trata de eliminarlos, sino de abrir un espacio de tregua. Cuando algo en mí se detiene, cuando bajo el volumen de la mente y llevo la atención al ritmo sutil de la respiración, algo cambia. No afuera, sino adentro. No como un truco, sino como una apertura. Observar al cuerpo respirar no es una técnica para calmarse. Es una manera de volver. Volver a este lugar que no pide explicaciones, que no demanda logros, que no exige otra cosa que presencia. Respirar no es solo biología. Es también un vínculo: con la vida, conmigo, con el otro, con el mundo.

Cada inhalación trae algo nuevo.
Cada exhalación permite soltar.
Es la danza más antigua…
y también la más olvidada.

En medio de la prisa, del despiste, del reclamo, del juicio, del deseo de tener razón o de que algo cambie ya... el cuerpo sigue respirando. ¿Puedo yo también quedarme ahí? No para dejar de actuar, sino para actuar desde otro lugar. Observar al cuerpo respirar no resuelve los problemas, pero sí transforma mi relación con ellos. Conmigo.

¿Qué relación puede prosperar sin escucha?
¿Cuánta agresión, cuánta indiferencia se ha vuelto cotidiana hacia la propia historia, hacia el cuerpo, hacia la mente, hacia uno mismo, hacia los otros?

El sistema —como cualquier relación— responde con amabilidad cuando se le trata con respeto, con escucha activa. Pero para eso es necesario interrumpir el hábito de querer cambiar o controlar desde la fuerza: desde la negación, la exigencia, la fragmentación, la vergüenza, el juicio, la culpa... la amenaza.

Llegar al cuerpo no es exigirle. No es pedirle que no se le note el tiempo ni los hábitos. No es forzarlo a callar, a esconder, a encajar. Es habitarlo con respeto.
Observarlo respirar para ver qué tiene que decirme. Llegar desde la suave presencia, no desde el maltrato, la desconsideración o la indiferencia. Como un animalito asustado, el cuerpo se encoge si se le grita. Si me acerco a mí con crítica, el cuerpo se defiende. Si me acerco con amor, se relaja.

El cuerpo no es una máquina:
es una brújula viva,
una presencia que no exige nada,
solo ser escuchada.

En donde pongo la atención, pongo la fuerza. No lo digo yo: invito a comprobarlo.
Ubicar la atención en el cuerpo que respira resulta una práctica que fortalece la flexibilidad de entrar y salir del flujo de pensamientos, entrenando la capacidad de dirigir la atención de forma más consciente. Los pensamientos no desaparecen, pero dejan de ser el centro. Son solo eso: pensamientos, sugerencias de la mente. Surgen, se repiten, son pasajeros.
Es la base de muchas prácticas antiguas, ahora también confirmada por la neurociencia: el cuerpo como ancla, la respiración como refugio. El cuerpo es un gran aliado para entrenar esa flexibilidad: entrar y salir, perderse y volver. No se trata de huir del mundo, sino de saber retirarse a tiempo. De saber regresar al centro.

Considero que es uno de los hábitos más poderosos y simples. Y, a la vez, de los más difíciles de incorporar. Por eso la invitación nace desde la humildad: observar al cuerpo respirar no es poco. Es un gran paso para recuperar el potencial implícito de soltar, de estar presentes, de acompañar la vida… y los regalos que trae.

Tejido de vida

Vivir en paz no significa que no habrá situaciones confrontantes. Significa que, aun ahí, puedo estar con el sistema… en paz. Antes de intentar dominar cualquier filosofía extraordinaria, comenzar por lo más simple: observar el cuerpo respirar. Ese gesto tan básico, tan sagrado. Ese pequeño movimiento que abre el camino a todo lo demás. Retorno al origen, sin palabras, sin pretensiones.

Si se quiere apagar —metafóricamente hablando— a una sociedad, basta con desconectarla de sus emociones y sentimientos. Basta con mantener su atención afuera, ofrecerle dulces promesas, lejos del cuerpo, lejos de sí. A mayor desconexión, mayor desánimo. Mayor necesidad de reglas externas. Cuando la guía interna se pierde, todo se llena de ruido. Pero cuando hay conexión interior, algo cambia: más libertad, más vitalidad, más empatía. Un tejido social fortalecido. La atención que vuelve a casa despierta vida. Y el amor-presencia… la sostiene.

Observar el cuerpo respirar es como la llegada de un padre silencioso y curioso a la habitación de su hijo dormido. Se percibe la vida sucediendo, inocente y dinámica, como una brisa que no exige ni interrumpe. También se siente la fuerza de una presencia que no interfiere, pero sostiene. Ese "estoy aquí" sin palabras. Ese campo de seguridad que se activa solo con la presencia. El principio masculino conteniendo el movimiento con firmeza amable.

No es lo mismo que la entrada abrupta del padre ausente o controlador, que exige sin escuchar o ignora sin notar. Llegar así al cuerpo... es no llegar. No se trata de anular esas voces interiorizadas, sino de reconocer la diferencia entre la reacción automática y la presencia consciente. Entre el hábito aprendido y el gesto de habitar.

En ese mismo acto de observar el cuerpo respirar, llega también la madre. La madre que conoce el movimiento y lo permite. No teme al llanto, ni a las heces, ni a la risa. Ella permite la vida. Acepta cada aspecto con dignidad, acunando y atendiendo. Ahí se activa el principio femenino: el amor. Su acción, como la del masculino, es sutil y poderosa al llegar al hábitat del humano. A diferencia del femenino en desequilibrio, que teme e intenta manipular o someterse a la sensación, el femenino amoroso permite, se abre y crea espacio desde la serenidad.

Amor y presencia —principio femenino y masculino— no están separados entre sí ni del ser humano. Son formas de expresión de algo que no siempre se puede nombrar: una fuerza interna que transforma silenciosamente la forma de estar en uno mismo y, como consecuencia, en el mundo. No hablamos aquí de hombre o mujer como categorías biológicas, sino de movimientos del alma, de corrientes vivas que nos habitan más allá del género.

Como todo hijo tiene un padre y una madre —aunque no los haya conocido—, estos principios también están presentes en nosotros, aunque no seamos aún conscientes de ellos. Habitar el cuerpo transforma la experiencia que acontece entre cuerpo, mente y emoción. En ese pequeño y reparador momento, no hay nada que hacer. Solo estar. La acción vendrá después, nacida desde la relación con la vida, desde esa base interna: presencia y amor.

Un bebé necesita la compañía amorosa y presente de sus cuidadores. Esa base, antes de salir al mundo, cambia su experiencia de vida. Y sucede igual a toda edad. Solo que, con el tiempo, toca destetarse de los padres biológicos para activar los propios sistemas de guía internos.

Atiendo la vida,
observando el cuerpo respirar.

Un milagro silencioso que se despliega en cada célula

Empecé a tomar conciencia de la respiración durante mis años más intensos de práctica de yoga. Junto con el movimiento, la atención volvía poco a poco al cuerpo y al aire que lo atraviesa. Leí y practiqué mucho sobre el tema en aquel entonces. El yoga lo repite constantemente: vuelve a la respiración, respira con conciencia e intégrala a las posturas, al movimiento. Recuerdo que en algún momento leí una frase que se me quedó grabada: lo primero que hacemos al llegar al mundo es inhalar; lo último, exhalar.

Otra metáfora que encontré por esos años —y que sigue conmigo más de dos décadas después— decía que la respiración es como el hilo que une las cuentas de un rosario, o de un mala en el budismo. Las cuentas son los seres vivos, y el hilo invisible que nos enlaza es el oxígeno: un hilo de vida que vibra, que respira con nosotros, que nunca se rompe, aunque no lo veamos. Inhalamos y exhalamos partículas de vida, compartidas entre todos. Lo traigo aquí porque lo recordé al escribir, y porque en su momento me impactó profundamente. Tal vez porque, sin darme cuenta, sigo aprendiendo de ella.

Tomé interés en la respiración y practiqué diferentes técnicas dentro del mismo yoga. Realmente la disfrutaba. No me había dado cuenta de que trataba con indiferencia la más simple y sostenible de las prácticas: el solo hecho de observar la respiración. Sin buscarlo, ella tenía la capacidad de traerme de vuelta a mí… sin que yo lo notara.
La vida me ha respirado todo este tiempo.

Comencé a compartir esta práctica sencilla y notaba el mismo efecto en quienes se lo permitían. Se volvió costumbre, casi cultura: ese pequeño ritual. Sin hacer nada más. Y ahí estaba: un regalo, un ancla, un lugar adonde volver. Un hilo invisible que recordaba que estaba viva, incluso cuando todo dentro de mí parecía a punto de colapsar, como si la vida misma tendiera un puente silencioso entre mi caos y mi calma.

A veces, solo basta eso para hacer espacio. No para resolverlo todo, pero sí para quedarme. Para no salir corriendo. Para no perderme del todo. Sentarme a respirar era como tender una manta tibia en medio del caos, un refugio suave que me envuelve y me recuerda que el mundo puede esperar, que yo aún existo y me sostengo a mí misma.
No se trata de calmarme ni de hacerlo bien. Se trataba de estar. De acompañarme mientras pasaba la tormenta. O simplemente como ritual antes de dormir.

Es así como empecé a distinguir entre respirar, manipular la respiración y estar en la respiración. Una acción tan involuntaria y sin embargo tan poderosa cuando se hace con atención. Entrar como espectadora a este sistema en constante movimiento y metamorfosis es, en sí, una maravilla a la que, siendo honesta, a veces me rehúso. Un milagro silencioso que se despliega en cada célula, en cada palpitar, recordándome que todo está vivo aunque no lo controle. Cierro los ojos y contemplo el cuerpo que respira. En un instante tengo la oportunidad de relacionarme con mi propio sistema, no para dominarlo, sino para conocerlo. Para liberarme de los conceptos y dejar que se muestre tal como es. O más bien, para entregarme a la experiencia del observador. Llevar la mirada al cuerpo que respira no requiere nada más que estar plenamente presente, y una de las cualidades de esta presencia es dejar que ocurra.

Comparto cómo, desde ahí, el ritmo cardíaco comienza a volver a su coherencia natural. Con esta simple y poderosa práctica aprendí a sentir el corazón —no a pensarlo, no a analizarlo—: a sentirlo. Y a observar las distintas vibraciones en las diferentes partes del cuerpo. Algunas más intensas, otras más sutiles. Solo eso: observar y acompañar.

Como un especialista que, antes de reparar un aparato, primero lo observa funcionar para entender qué parte necesita atención, qué pieza suena distinta… así también, al llegar a este sistema, comienzo por la parte más densa: el cuerpo. No hay una técnica para eso. Observar no es una técnica. Es una decisión. Las técnicas pueden venir después. Primero, hay que mirar.

NOTAR

Observar al cuerpo respirar

OPCIÓN DE PRÁCTICA SEIS

Observar al cuerpo respirar

Como en cada capítulo, aquí tienes una opción de práctica. Puedes hacerla una vez o varias veces al día, como quien se detiene a beber agua: tu cuerpo sabe cómo hacerlo, no hay que enseñarle. No requiere técnica avanzada ni mucho tiempo, solo intención. ¿Qué pasaría si solo te detuvieras a observar tu respiración ahora mismo?

La propuesta es simple: observar al cuerpo respirar.
Cierro los ojos y observo el cuerpo respirar.
Abro los ojos y observo el cuerpo respirar,
…y observo el cuerpo respirar.

Tres veces al día, detente por un instante. No hagas nada especial. Solo observa cómo el cuerpo está respirando en ese momento. Sin modificarlo. Sin intervenir. Sin controlarlo. Puedes intentar con ojos cerrados y abiertos, o combinar ambos.

Después, puedes ir integrando la misma observación cuando estás bajo estrés. Prueba acostumbrarte tanto en la calma como en la tormenta. Vuelve al cuerpo y obsérvalo mientras caminas de una habitación a otra, o mientras haces cualquier actividad. Cada vez que notes una tensión innecesaria, lleva la mirada a tu respiración.

Observa que, cuando te concentras en el cuerpo, puedes notar una vibración en la boca del estómago por estrés acumulado, el calor que genera el contacto con el calzado, o la sensación de tu cuerpo en la silla y la postura adquirida. Solo nota.

Quizás quieras llevar la atención al vaivén del vientre o los pulmones. No lo exageres: míralo sin empujar, sin modificar, solo percíbelo. Intenta mantenerte ahí unos segundos, sin intención de cambiar nada. Solo notar. Solo permitir. El cuerpo sabe cómo respirar.

Si llega algún pensamiento, déjalo pasar como una propuesta de la mente y regresa al cuerpo. A ese acto invisible que te ha sostenido desde el primer segundo de vida.

No busques calma. No busques relajación. Eso puede o no llegar. La práctica no es un medio: es un encuentro. Solo estás recordando que cuentas contigo. Y ese es un gran comienzo.

En mi experiencia personal —y también recordando a algunas personas a quienes he acompañado en momentos de ansiedad o perturbación— he notado algo simple pero profundo. Cuando el movimiento interno es muy intenso, suelo sugerir que se sienten cerca de una esquina cómoda o en la cabecera de la cama, que abracen sus piernas como en posición fetal y sientan un respaldo detrás. Si hace falta, tomar una almohada contra el pecho también puede ayudar.

Otra postura posible es abrazarse a uno mismo: cruzar los brazos y llevar las palmas a los hombros contrarios. Desde ahí, darse pequeñas palmaditas suaves mientras se observa al cuerpo respirar. Este gesto, inspirado en el trabajo de Peter Levine, puede ayudar al sistema a autorregularse con suavidad.

Solo eso: sin forzar nada. Integrar la respiración a la sensación interna. Acompañarla.

Los resultados han sido claros. La emoción se vacía o se reduce su intensidad. Pero es importante no hacerlo buscando ese resultado. Solo probarlo. Sin expectativa.

La respiración es vida.
Es muerte.
Y al acompañarte: Eres.

Habitación viva

La tomo.
La retomo.
La observación del cuerpo respirar.

Al hilo invisible.
El que nos enlaza.
El oxígeno.

Sigo aprendiendo.
A prueba y error, noto la fuga de mí.
Y regreso.
A este cuerpo —mi sagrado vehículo—
fiel compañero.

Vale el intento, solo por ver qué pasa
cuando la relación más importante
es conmigo.

Sin expectativa.
En la sencillez de observar al cuerpo respirar.

Estar.
Como quien escucha la vibración de un gong
y se queda,
acompañando la onda que se expande.

Cada sensación.
Cada respiro.
Cada instante.
Observar al cuerpo respirar
es llegar sin invadir,
estar sin exigir.

No como el padre ausente o controlador,
sino como quien llega
en silencio
y con cuidado.

No como la madre temerosa o sumisa,
sino como la que confía
y acuna.

Amor y presencia.
Principio femenino y masculino.
Activos.
Independientes de mi apellido.

El cuerpo:
habitación viva.
Puerta.
Pausa.
Verdad sin maquillaje.

Escuchar al cuerpo respirar
no es técnica.
Es decisión.
Es relación.

Cuando recuperamos la atención,
recuperamos poder,
y con ello libertad.

NOTAR SIETE

Abrir el cauce de lo que somos

Una puerta abierta

Aceptar no es rendirse ni conformarse. Aceptar es ver: ver lo que hay, sin añadir juicios, sin pelear con lo que ya está aquí. Es permitir que lo que ocurre tenga un lugar. Aceptar es un acto de amor silencioso que reconoce: esto es lo que hay, y aquí estoy. Desde ahí, la vida se toma; se abre espacio para lo que sigue, y lo nuevo encuentra por dónde entrar.

Estar en presencia de otro sin dejar de estar en casa. Atender lo que sucede en el escenario interno mientras se convive no significa desconectarse; al contrario, es estar verdaderamente ahí, mirando al otro sin abandonar lo que ocurre dentro. Desde esa conciencia compartida se vuelve posible percibir el milagro de la vida que corre en ambas direcciones. El límite entre lo interno y lo externo se disuelve. Hay una danza de información, emoción y energía, y la autoobservación la revela sin interferirla.

No hace falta detener el movimiento ni ensayar respuestas. Basta sostener una actitud de acompañamiento hacia uno mismo: "Estoy aquí en apertura. Te siento. No necesito cambiarte. Me dispongo a conocerte tal como eres." Desde ahí, la respuesta nace con más congruencia y menos esfuerzo. Ese instante de aceptación interna crea una plataforma de seguridad. El carrusel gira, pero el observador no se pierde en su vértigo. Y desde ese centro, lo que parecía pesado comienza a volverse liviano.

Con la práctica, es posible ofrecer la misma compasión a quien se tiene enfrente. Ya no para corregir ni invalidar, sino para comprender y cuidarse. Para proponer sin necesidad de convencer. Para expresarse con claridad, sabiendo que quizá haya o no un punto de encuentro en lo superficial, pues en lo profundo ya se ha dado a través del respeto. Aceptar la experiencia propia abre espacio para aceptar la del otro.

A lo que se le presta atención cobra densidad. Esa es la fuerza de la autoobservación. La atención acompañada de presencia es poder. Y por eso mismo no es casual que tantos sistemas —y personas— compitan por obtenerla a través de trampas y disfraces. Todo ello ocurre en la ignorancia de que la verdadera aceptación no se compra ni se fuerza: emerge de una forma de estar.

Buscar la atención del otro para sentirse valioso es una ilusión que agota. Como si una parte de la fuerza vital que no se reconoce dentro tuviera que venir de afuera, por validación o aplauso. Es natural y sano reconocernos unos a otros, siempre a justa medida e intención —he ahí el arte—. Desde la ignorancia, con frecuencia, la atención se deposita en lo que falta. Y sin querer, regamos eso: lo que no deseamos ver crecer. Olvidamos que esa fuerza ya existe acompañada de presencia. Solo necesita ser mirada sin pretensiones.

Como una semilla que despierta con agua, el agua es la atención. La atención nutre todo lo que toca: llena de vida lo que alcanza. Ahí la confusión: creer que solo la atención del otro me puede dar lo que en realidad nace de mí. A esto se suma el desbalance, que también puede ahogar. La atención sin presencia, o la atención basada en el miedo —como la sobreprotección y el control—, a veces asfixia en lugar de nutrir. Y su ausencia —como el abandono o la indiferencia— también marchita. Es como un río: si se desborda, arrasa; si fluye con dirección, transforma el ecosistema; si se mezcla con los químicos equivocados, contamina. Entonces me pregunto: ¿qué revela en mí la falta de atención?, ¿qué reclama atención?, ¿qué quiero regar?, ¿qué me ahoga?

Existe otra posibilidad: la de un encuentro real en compañía. Cuando dos personas se miran —no para absorberse ni rechazarse, sino para estar presentes—, cada una puede atender lo que surge en su interior desde la aceptación. Aceptar lo propio como punto de partida para compartir presencia. Cuando me recibo con honestidad, sin necesidad de estar resuelta, puedo mirar al otro sin cargarle lo mío. Entonces, el encuentro deja de ser una estrategia de evasión o una búsqueda de completitud. Se vuelve un intercambio genuino: un dar y recibir desde lo que cada uno es, nacido del reconocimiento mutuo. Yo siento, yo observo. Tú, quizá también... o quizá no. No se trata de una sincronía perfecta, sino de una disposición compartida a estar con lo que es, cada uno desde su propio escenario. Solo ahí, en ese terreno donde no se impone ni se exige, puede nacer un encuentro verdadero. Y en medio, el misterio: dos seres vivos, conscientes, coincidiendo en el instante.

Ante la misma escena, cada uno experimenta algo distinto. Esa diferencia no es un obstáculo: es una invitación a la humildad. Reconocer que lo que se mueve en mí puede ser distinto a lo que se mueve en ti... y, aun así, ambas experiencias son válidas, ambas están vivas. Desde ahí, las estrategias cambian. Ya no se trata de eliminar lo que se siente o imponer una verdad, sino de coordinar acciones que respeten la experiencia de ambos. Congruencia no es uniformidad: es poder caminar juntos, incluso con sensaciones distintas.

No se trata de salirse de la sociedad, sino de volver al propio centro mientras se participa en ella.

El principio de la autoobservación es el mismo ante cualquier movimiento. No es una técnica ni una filosofía: es una puerta abierta. Una disposición a descubrir lo que ya es. A permitir, a aceptar la vida y sus posibilidades. Desde ahí, es posible relacionarse con las emociones, no como obstáculos, sino como olas que vienen y van, sosteniendo la diversidad del inmenso océano de la vida cuando se les da espacio. Observar los pensamientos como propuestas de la mente, no como verdades absolutas.

Afuera, un carnaval de estímulos compite por tu atención.
Adentro, un guardián vela por ella: el auto observador.

A veces perder es ganar

Podría explayarme durante páginas y páginas, anécdota tras anécdota, de las veces que me he encontrado resistiéndome a lo que es. La aceptación ha sido una de mis grandes maestras. Y ahora comprendo que no dejará de visitarme: a veces viene de forma sutil, y otras, con toda su fuerza, para recordarme que no se trata de dominarla, sino de reconocerla. La aceptación requiere maestría, porque lo incluye todo, incluso la falta de aceptación.

Puedo observarme cuando una cita se retrasa. Cuando alguien actúa de una manera que "no debería". Cuando no soy tomada en cuenta como me gustaría. Y en todos esos momentos, mi cuerpo y mi mente reaccionan primero: tensión, juicio, incomodidad. Y si no noto a tiempo, la resistencia empieza a multiplicarse.

Hay una imagen con la que suelo jugar para entender esta habilidad sin caer en la trampa del ego o del juicio. Imagina que caminas por una selva y, de pronto, se cruza una tarántula frente a ti. Por inercia, gritas. Pero estás en la selva… y al gritar, llamas la atención de un jaguar. Ahora no solo tienes a la tarántula cruzando el camino (que ni te había notado), sino también a un ágil depredador que viene hacia ti. Algo así pasa con la resistencia: no solo ocurre lo que ocurre, sino que le sumamos una reacción innecesaria, un diálogo interno, un argumento que nos aleja cada vez más del centro y que, al final, no inmuta a la realidad. Se transforma, además, en ataque, alimentando una lucha inútil. Cuánto peso agregamos cuando no aceptamos lo que ya está ocurriendo.

Al respecto, tomo prestada una frase de Byron Katie que, para mí, lo dice todo:
"El que se pelea con la realidad, solo pierde el 100% de las veces."

No hay nada más claro para mí. Aceptar no es resignarse, es dejar de luchar contra lo que ya es, para abrir espacio a lo que puede ser.

A veces me encuentro a mí misma señalando con fuerza: "¡Él no debería haberme hablado así!".

Una de esas veces fue en la aduana de otro país. Habíamos procesado el retorno de impuestos en las máquinas automáticas, y todos los recibos pasaron… menos uno. Fuimos entonces a la ventanilla. El personal empezó a hablar en otro idioma, a subir la voz, a pedir pasaportes. Eran las 11:30 p.m. No había nadie más en la fila. Pensamos que era buena idea hacer el trámite esa noche, ya que el vuelo salía a las 7:00 a.m. del día siguiente y debíamos documentar a las 5:00 a.m.

Después de unos momentos tensos, nos dijeron que estaban siendo generosos, que podrían multarnos por hacer el trámite un día antes. Según ellos, debía hacerse estrictamente el día del vuelo. Según nosotros, estábamos dentro de las 24 horas anteriores, y si las máquinas habían aceptado lo demás, por ser las 11:30 p.m. no debería haber problema, y estábamos dispuestos a retirarnos sin la validación del último recibo ante esa explicación. Pero no fue tan fácil.

Dijeron que intentábamos evadir el sistema. Alegamos que no había dolo, que solo queríamos evitar contratiempos. Cuanto más pedíamos explicaciones, más subía la voz uno de ellos. La multa aumentaba con cada palabra.

Yo tenía razón. Tenía argumentos. Tenía pruebas. Y tenía dolor. Ellos tenían razón, tenían pruebas y tenían adrenalina en cada movimiento.

En medio de esa incomodidad y flujo de emociones y palabras, algo se abrió en mí y en mi pareja a la par, íbamos juntos. No fue una técnica aprendida. No fue un pensamiento positivo. Fue una rendija. Una pausa en coordinación después de cruzar miradas. Y desde esa pausa, surgió en mí una pregunta: ¿Y si a veces "perder" es ganar?

Ahí, el juicio perdió su rigidez. Ya no era una verdad indiscutible, sino una pista. Una invitación a mirarme y aceptar lo que era.

Me vi resistiéndome a todo lo que ellos eran: su actitud, su forma, su poder, su tono, su uniforme. Y en cuanto dejé de resistirme, comencé a aceptar lo que era. No por resignación, sino por rendición. Nos pasó a cada uno lo mismo desde la conexión de la mirada. Nos acompañábamos desde la autorresponsabilidad. Tocaba encargarme de mí.

Dejé de pelear con ellos. Y volví a mí. Acompañé mis sensaciones, mis pensamientos de injusticia, el malestar de pagar esa multa, el desprendimiento. Y me quedé conmigo.

A la mañana siguiente, al volver al aeropuerto, la incomodidad volvió, más tenue. La mente me ofreció el pensamiento: "Esto fue injusto". Pero ya no lo tomé. No como verdad, sino como una sugerencia.

Y esta vez, ya no hubo pregunta. Hubo certeza: a veces perder es ganar.

Seguí practicando devolver la atención al presente. No con culpa, sino con curiosidad. Y descubrí, una vez más, que lo que veo afuera —el juicio, el rechazo, la incomodidad— tiene raíces adentro. El trabajo, entonces, no es con el otro. Es conmigo. No es castigo, es libertad.

El camino de la autoobservación no es el camino fácil. Requiere atención, requiere voluntad, y sobre todo, requiere valor. Valor para aceptar. Para mirar hacia adentro cuando todo en ti quiere señalar hacia fuera. Porque el trabajo más profundo no se ve, no se aplaude, no se publica. Sucede en silencio: en el pensamiento que se interrumpe, en la emoción que se acoge, en la palabra que no se dice, en el juicio que se observa y no se sigue.

La verdadera revolución no es social. Es silenciosa. Y ocurre aquí. Adentro. Ahora.

Quizás, la resistencia más profunda no está en aceptar lo que sentimos, ni siquiera lo que pensamos… sino en reconocer lo que somos en esencia. Porque si de verdad tocamos esa fuente —ese amor, esa conexión con la vida que desborda lo razonable— ya no hay vuelta atrás. Y eso, en el fondo, puede dar más vértigo que cualquier emoción. Tal vez por eso, tantas vueltas, tantas historias, tantos destellos que parecen camino… son distracciones tentadoras.

La práctica sostenida no busca fabricar nada nuevo, solo abrir el espacio donde lo que ya somos pueda por fin manifestarse.

NOTAR

¿Qué experimento ahora: aceptación o resistencia?

OPCIÓN DE PRÁCTICA SIETE

¿Experimentas aceptación o resistencia justo ahora?

Como en cada capítulo, aquí tienes una práctica. Una sugerencia. Un regreso. Puedes hacerla una vez o varias veces al día. No para hacerlo bien, sino para estar. Para conocerte. Para mirar con honestidad cómo te relacionas con lo que sucede.

Tres veces al día, haz una pausa y pregúntate: ¿Estoy aceptando esto... o resistiéndolo?

No respondas de inmediato. No busques una respuesta mental. Solo observa. Nota el cuerpo. Nota el gesto. Nota la respiración.

¿Qué sensaciones aparecen cuando algo no sale como esperas? ¿Qué haces cuando alguien no actúa como te gustaría? ¿Qué surge en ti cuando las cosas simplemente... son?

A veces, la resistencia, el control, toman la forma de una tensión en el cuerpo, un cambio de tema, una corrección no pedida, una urgencia por explicar. Puede ser crítica hacia el otro o hacia uno mismo. Un intento de justificar lo que sentimos. O una frase mental que empieza con "debería…". No siempre es obvia. Puede esconderse en una sonrisa forzada, en la prisa por aconsejar, en el impulso de hacer algo para no sentir. Si estamos atentos, podemos notar cómo nos alejamos —de maneras casi invisibles— de lo que está ocurriendo aquí y ahora.

Todas son formas de salida: distintas puertas hacia la no aceptación del momento. No porque seamos malos o inconscientes, sino porque —en ese instante— creemos no tener los recursos para quedarnos. Pero los tenemos. Están ahí, al otro lado de la pausa. Aquí no se trata aún de decidir qué hacer, tampoco de martirizarnos. Comienza por reconocer las formas en que la resistencia se expresa en ti. A veces es abrupta. A veces, sutil. Está más presente de lo que solemos notar.

Obsérvalo. Sin juicio. Sin necesidad de resolverlo en ese instante. Solo nota si estás diciendo sí… o si estás diciendo no… a lo que sucede. No se te pide que te agrade ni que sea algo que deseas, pero es lo que sucede ahora. Ya elegirás la acción después; me refiero a este micro instante de realidad.

Y si descubres que estás resistiendo, observa si puedes dar un paso hacia la aceptación. No hacia el conformismo, ni la resignación, sino hacia el permiso interno de estar contigo, de no pelear con lo que ya sucedió.

"Esto es lo que hay… y aquí estoy." De aquí partes. Esa es la propuesta.

Aceptar no es dejadez: es rendirse a la lucha interna que nos aleja de la vida. Y desde ahí, sí, tomar decisiones. Pero desde la claridad, no desde la negación.

Puedes practicar con algo muy pequeño: una palabra dicha o una palabra que no fue dicha. Solo nota: ¿resisto esto… o lo acepto? ¿Y cómo se siente esa elección en mi cuerpo?

Esa es la práctica. Notar, no para corregirte, sino para conocerte. Para elegir. Y quizás, en el instante más inesperado, descansar en la aceptación.

El río que no se detiene

Aceptar no es resignarse.
Es dejar de pelear con lo que ya es.

El río no se detiene
por tu opinión sobre su cauce.

Resistir es agregar peso a lo que duele.
Aceptar es estar ahí, sin añadir más.
El jaguar viene cuando grito por la tarántula.

No se trata de estar de acuerdo,
se trata de no perderte.

Aceptar no es ceder,
es volver a ti.

Perder una discusión,
a veces,
es ganar libertad.

La realidad,
no pide permiso,
es la que es.

Aceptar también es notar
que no estás aceptando.
Y darte cuenta de que eso...
también puede ser mirado con amor.

Cuando el juicio baja la voz,
la experiencia puede hablar.

La paz no llega
cuando todo se acomoda afuera,
sino cuando dejo de imponerle
mis reglas al momento.

Aceptar no es premio ni castigo.
Es una práctica.
Un regreso a casa.
Una forma de recordar
que la libertad comienza
cuando dejo de discutir con la vida.

NOTAR OCHO

La vida en el portal del ahora

Estoy

Escuché alguna vez a Eckhart Tolle, en uno de esos DVDs que ponía mientras hacía ejercicio. Repetía una y otra vez los mismos materiales de mi pequeña colección de autores. Fue hace más de quince años, cuando YouTube aún no era una fuente inagotable de contenido. Recuerdo con claridad que habló de la diferencia entre "mi vida" y "la vida". Esa propuesta me dejó reflexionando profundamente. Y sigo en caída libre dentro de esa reflexión. No presumo haber llegado al fondo —si es que lo hay—, pero en el proceso sigo descubriendo su profundidad. Tanto, que la comparto aquí como una propuesta más para notar.

Observarme desde la postura de "mi vida" y desde "la vida" me ofreció una imagen clara: en la primera, me percibo como el contenido de una botella llena de agua, flotando en el mar pero separada del todo; en la segunda, como esa misma agua derramada en el océano, integrada y sin bordes. Comencé a explorar esta distinción en comunidad, con curiosidad, en un espacio donde podía nutrirme de las experiencias de otros. La compartía como práctica con quienes asistían a los talleres semanales de Un Curso de Milagros que facilité hace algunos años. El estudio del libro me ofrecía el terreno perfecto para ensayar esta mirada. La propuesta consistía en usar esa distinción como práctica de observación íntima para todo lo que se presentara. Por ejemplo, aplicada al enojo: en lugar de decir "mi enojo", decir "el enojo"; observar el enojo en el día a día, ya fuese en uno mismo o en otros. Como un elemento de la naturaleza: liberarlo de explicaciones o conclusiones, del sujeto, solo verlo. De la misma manera, en lugar de "mi vida", decir "la vida". No se trataba de evadir responsabilidad —pues lo que sucede en mí es mío de atender—, sino de abrir espacio para apreciarlo sin cargas añadidas. Conocer para conocerme, y así poder conocer al otro. Observar para integrar. Y al integrar, también soltar. Permitir que cada emoción cumpla su función en la expresión de la vida.

Suelo proponer esta práctica con la metáfora de un zoológico emocional: observar cada emoción o sentimiento como si fuera un animal dentro de ese espacio. Un día me detengo frente al elefante: lo observo, veo cómo se mueve, cómo se alimenta, cómo defeca, cómo se relaciona. Solo observar, sin intervenir, con el afán de conocerlo. Puedo ver distintos elefantes de la misma manada, para notar qué comparten, qué los hace elefantes en grupo y en individualidad. Al día siguiente, observo a la jirafa. Cada emoción se vuelve así un animal distinto, parte de un ecosistema en equilibrio. Como los animales en la naturaleza, las emociones también migran, se mueven, tienen su propio ritmo. Algunas se equilibran con otras. Al observarlas en este zoológico emocional, sin pretensión de control, puedo empezar a comprender su movimiento natural.

A veces, cuando hay cargas, condicionamientos o creencias, noto que no me permito sentir: ni el enojo, ni la tristeza, ni siquiera la alegría. Al cerrarme a la emoción, me desconecto también del movimiento, de la honestidad, del presente. Pierdo acceso no solo a lo que siento, sino a la puerta que la presencia me ofrece para experimentar la vida… y a la acción congruente que de ella sigue. Me parece una ventana más a la autoobservación, a la presencia. Desde ese nivel puedo sorprenderme y conectar con la abundancia en muchos sentidos: observar por instantes la diferencia entre "mi vida" y "la vida", me lleva a descubrir recursos a disposición que nunca imaginé, darme cuenta de que hay más amor del que jamás hubiera pensado posible, más libertad de la que creía permitida.

Cada momento es una puerta. Cuando conecto con ese nivel de conciencia, recurro a la presencia y al amor porque quiero estar ahí, no porque tenga que hacerlo. Es una elección. Una rendición que no se impone, sino que se ofrece. Desde el conocimiento sé que quiero estar ahí. Ese estado de conciencia se vuelve mi relación más importante. Relacionarme con ese estado —a través de mis pensamientos, emociones o reacciones— se vuelve motivo de vida.

No es mi vida. Es la vida. Es más grande que yo y mi actuar dentro del sistema. Tal como el océano frente a la botella con agua: la presencia abre la rosca, y entonces el agua regresa al mar. Lo demás es estar "sin vida": todo el tiempo intentando eliminar lo que incomoda —la ansiedad, el miedo, incluso la alegría del otro—, todo el tiempo queriendo suprimir algo del ecosistema. Desde esa postura sigo atrapada dentro de la botella. Dejo de ser. Estoy, pero desde un nivel de vida apegado al carrusel.

Aquí me detengo para hacer una aclaración importante: cuando digo que esa relación con la conciencia se vuelve motivo de vida, no me refiero a abandonar lo que me rodea. No se trata de dejar mis relaciones, mi trabajo ni las actividades del día a día. Se trata de dejar de buscarlas como si ahí estuviera la vida.

Lo que busco es la vida donde está la vida. Y esa Vida —con mayúscula— no se encuentra en las polaridades, ni en la montaña rusa emocional, ni en los caballos del carrusel. La vida no necesita ser provocada. Ya está aquí. Solo espera ser notada.

Recuerdo en un retiro con Byron Katie escucharla compartir una experiencia profunda. Había atravesado una crisis de salud en la que su cuerpo entró en colapso. Ella dijo: "No quiero perderme el momento de mi muerte. Si ahora toca, quiero estar presente". Ya en el hospital, más allá de los procedimientos médicos, su atención estaba puesta en experimentar con total conciencia lo que ocurría: el desvanecerse, la falta de fuerza, y otros detalles que ahora no recuerdo. No se trataba de resignación, sino de una apertura radical al instante tal como era. Observaba, sin aferrarse ni huir. Vivía incluso esa aparente pérdida como una oportunidad para estar más viva.

La tensión aparece cuando tergiversamos el orden, esperando encontrar la vida en los caballos del carrusel. La buscamos en la emoción, en la intensidad, en la validación externa, en el drama, en el cuerpo o la euforia. Y no está ahí. Pero si a la fluctuación le damos su lugar —como parte del paisaje— y a la presencia que nos conecta con la vida también le damos su lugar —como raíz—, entonces todo se acomoda. El orden interno se vuelve más congruente. Y eso... se entrena. Es cuestión de hábito, de volver, una y otra vez.

Cada encuentro se vuelve una oportunidad para experimentar la vida. Pero muchas veces lo confundo. Espero que ese encuentro me dé vida, que tú me des vida, que lo nuevo que compré me dé vida. Y ahí, sin darme cuenta, invierto el orden. Lo nuevo que compro me da una experiencia: elegir, estrenar, contrastar lo viejo y lo nuevo, aromas, texturas. Esa es la experiencia: el movimiento, el contraste.

Cuando permanezco en presencia, puedo vivir cada detalle —sensaciones, emociones, pensamientos— y, al mismo tiempo, permanecer conectada con la vida. Ahí es donde todo cambia. Porque mis roles, mis vínculos, mi cuerpo mismo, mi historia de vida... no son fines: son medios. Medios para experimentar lo que se expresa en mí, a través de ti, del mundo, del cuerpo. Y cuando me olvido, cuando me desconecto de esa conciencia, me pasa como en los carritos chocones de la feria: pierdo la varilla que me conecta al techo, al sistema, y me quedo ahí, atascada, sin energía, mientras el mundo me choca por todos lados.

Eso es estar desconectada de la presencia: peleo, me pierdo, me frustro. Pero cuando recuerdo... la vida vuelve a fluir. No porque el mundo haya cambiado, sino porque yo volví a casa.

Siempre se puede volver a casa

Ya se es vida. No hay que alcanzarla ni merecerla, basta con dejar de resistirse para notarla. Nos apadrina con cualidades que el intelecto busca sin hallar. Cuando hay presencia, la vida se vuelve tangible. La fuerza, la paz y el potencial implícito se tornan evidentes. Sería imposible reconocerla si estuviésemos separados de ella. Gracias a la atención distraída olvidamos que somos parte, que somos unidad. El intelecto intenta atraparla, explicarla, controlarla, y en esa lucha perdemos la experiencia de vivir. Un Curso de Milagros cita una idea que, en lo personal, me devuelve a la práctica de autoobservación: "eres demasiado tolerante con las divagaciones de tu mente, y condonas pasivamente tus falsas creaciones".

El intelecto es valioso —cuando se usa para lo que fue diseñado—. Dale datos, fórmulas, rutas… y es brillante. Pero si lo usamos para buscar lo que solo la presencia puede dar, surge el cortocircuito, como si cruzáramos los cables: el rojo con el negro. No es que estemos rotos, solo hay que reconfigurar el orden: para habitar la vida se requiere presencia–amor; para ordenar las ideas, se requiere intelecto. Cada uno tiene su función, y cuando los cables se conectan en armonía a su cada cual… sucede el milagro.

Recurro de nuevo a Un Curso de Milagros, pero esta idea la expreso con mis palabras para subrayar la diferencia entre atender la forma y atender la raíz. A veces nos entretenemos cambiando la forma, como si al mover lo externo algo dentro pudiera completarse. Eso es magia: un juego con la apariencia. El milagro, en cambio, es más sencillo y profundo: es el instante en que "sintonizo" con quién soy, lo que no cambia aunque todo se mueva. Desde ahí no se "cura" un síntoma, sino que se restituye la claridad, y ello transforma la mirada hacia todo lo demás, sin esfuerzo añadido.

Estar presentes no explica la vida: la revela.

Cada encuentro humano confirma eso mismo: que, más allá del aliento, compartimos una misma raíz... aunque no siempre sepamos que lo sabemos.

¿Qué pasa en ese centro? ¿Qué sucede dentro de mí cuando te miro a los ojos? ¿Surge vergüenza? ¿Timidez? ¿Me abro? ¿Me cierro? ¿Qué se activa en ese instante?

Cuando la respuesta interior a estas preguntas es atendida con presencia, la mirada puede mantenerse en paz, reflejo de una calma que no depende del afuera ni de la respuesta.
Cada expresión humana merece dignidad. Cada reacción, cada movimiento interno, tiene derecho a ser visto y acompañado. Contiene información. Es un acto de amor abrirse con curiosidad a la propia vida en movimiento: aceptarse, atenderse, sin necesidad de dejarse arrastrar por el juicio —hablo del juicio que condena—, sabiendo que es distracción y parte del juego cambiante de polaridades.

Aceptar que ya se es vida es la admisión más profunda: un acto de humildad, porque lo implícito en la vida está implícito en cada uno —no hay que hacer nada para merecerlo— y ello requiere valentía, redireccionar la atención, disponer de la energía para indagar creencias. Es un acto silencioso y poderoso. Una forma de recordarse que el amor y la presencia no están afuera, esperando condiciones, sino aquí, ahora, disponibles... si se les da lugar.

No hay un estándar de vida que alcanzar para acceder a ella. No depende de un carné o de un apellido que certifique: "ya estás vivo". Ya se está en la vida: respirando, sintiendo, existiendo. Se es parte del movimiento mayor. A veces se olvida, porque la mente se cuela con su interminable listado de requisitos: "Todavía no", "Falta esto", "Así no". Pero la vida no espera. No necesita ser justificada, alcanzada ni entendida. Solo vivida. Y vivirla no siempre se siente como éxtasis, gratitud o gozo en primera instancia. Vivirla también es estar en la duda, en la pausa, en la incertidumbre, en el miedo. Vivirla es acompañar lo que aparece —con presencia, aunque urjan respuestas— y seguir respirando con ello.

Mi vida se percibe en el nivel del carrusel. Está la experiencia: lo que gira frente a uno cada día. Personas, estímulos, objetos, eventos que suceden sin descanso. El carrusel externo tiene la forma de lo cotidiano. Pero también hay un carrusel interno: pensamientos que se repiten, emociones que fluctúan, sensaciones que van y vienen como eco de lo que se interpreta que ocurre fuera. Ambas esferas se retroalimentan; tienen en común lo cambiante, la historia, y así se va tejiendo la percepción. Ese vaivén es parte de la experiencia humana. No es un error, es puerta.

La vida —en su sentido más hondo— no está en ninguno de los dos carruseles, no está en lo cambiante. No es lo que pasa, ni lo que sentimos que pasa. Está en contacto con el presente y sus cualidades se mantienen constantes, aun en medio del giro. Eso que no se apresura ni necesita girar para sentirse real. Está en conexión con lo que observa, en lo que nota sin quedar atrapado, en el centro desde el cual se mira el giro sin perderse en él. Desde la aceptación que nace de lo que no cambia: no lucha con lo que es, abre camino, despeja la maleza de creencias y permite que el siguiente movimiento surja libre y despejado, sin quedar atrapado en cada obstáculo aparente.

Cuando intentamos atrapar la vida en las formas —en el caballo de madera del carrusel—, se nos escapa. Sin presencia, el pensamiento arrastra, las emociones nublan, el cuerpo estorba, nos desconectamos de sus sensaciones... y uno olvida que ya está en casa. La vida no se reduce a lo que sucede, tampoco a lo que pensamos de lo que sucede. La vida se manifiesta con más claridad cuando estamos presentes para experimentarla. Para ello requerimos ser osados y abrirnos a experimentar el velo de las sensaciones, de las percepciones, a cuestionar nuestras creencias.

La autoobservación no evita la experiencia: se abre a ella. Permitir las fluctuaciones —en vez de negarlas o tratar de controlarlas— es mantener abiertas las puertas del presente. Cada encuentro, cada mirada, cada "sí" o "no" de alguien es una posibilidad de conectar con la vida; no porque el otro lo otorgue, sino porque esa experiencia, en sí misma, ya está en contacto con la vida. Cuando se busca atrapar la vida a través del otro —su atención, su validación, su deseo— se invierte el orden. Se coloca la vida afuera, como si fuera algo por conquistar o controlar, cuando en realidad está dentro, esperando ser notada.

Comprar algo nuevo, tener un logro, una conquista... todo eso ofrece una posibilidad de contraste: un destello, una experiencia que pasa. No está mal ni bien vivirla; al contrario, es inevitable, es parte del juego. Pero no es ahí donde habita la vida constante. La vida no está en el objeto o en el sujeto nuevo, sino en estar presente ante lo que se mueve dentro de mí al experimentarlo.

Ahí está la invitación:
¿Qué surge en mí cuando esto ocurre?
Ahí está el portal.

Los roles, los vínculos, los objetos, los logros... todo puede volverse una vía para experimentarme, para integrar y volver a soltar. Para conocer lo que surge en mí cuando me encuentro contigo, cuando ocurre lo inesperado, cuando algo nuevo irrumpe en la escena. Esa es la clave: no perderme en la experiencia. Sentirla, sí. Disfrutarla o no, sí. Y si me pierdo, recordar que puedo volver. Soltar. Siempre se puede volver a casa.

En pocas palabras, se trata de ser compasivos con nosotros mismos en la experiencia y reconocer lo cambiante como escenario del inevitable juego de "mi vida", "mi historia": formas que aparecen y se van, estrategias, comparación, pérdida y ganancia. Y, al mismo tiempo, distinguirlo de la raíz que no cambia, la esencia que solo se conoce en la presencia. Cuando confundimos el orden y cruzamos los cables, quedamos atrapados en lo que llamamos sufrimiento; como recuerda Byron Katie: "el sufrimiento no es más que un pensamiento no indagado". De ahí la importancia de la diferenciación.

Volver a casa no es solo una metáfora poética: es una práctica real. Una y otra vez, he de recordar que la vida no está en lo que viene ni en lo que fue, sino en lo que se experimenta ahora, cuando se le da lugar.

Nada que buscar, con la valentía de soltar.
Solo una apertura es el pase de regreso.
Nada más.

NOTAR

Dejo ser, dejo que me atraviese, y suelto... como si lo fumara

OPCIÓN DE PRÁCTICA OCHO

Dejo ser, dejo que me atraviese, y suelto... como si lo fumara. Como humo que se disuelve en el aire.

Como cada capítulo, aquí tienes una práctica: una sugerencia, un regreso. Puedes hacerla una vez, o varias veces al día. No para hacerlo bien, sino para estar. Para conocerte. Para mirar con honestidad cómo te relacionas con lo que sucede.

Tres veces al día, haz una pausa consciente.

Detente un momento y repite internamente:

"Dejo ser. Dejo que me atraviese. Y suelto... como si lo fumara."

Esta es una práctica de presencia.

No se trata de hacer nada en particular, sino de abrir espacio adentro.

Solo obsérvalo pasar... como el humo que entra, atraviesa y se disuelve.

Te invito a hacerlo así: Cuando algo te visite —una emoción, un juicio, una alegría, una incomodidad, un pensamiento— trátalo por igual. Suéltalo por igual. Déjalo ser mientras sucede, y permite que tu respiración lo acompañe. No necesitas coordinar nada, solo estar.

Como si lo "fumaras": mientras respiras, nota lo que ha llegado. Comienza con las cosas simples, incluso con la experiencia de caminar sobre diferentes texturas. Obsérvalo pasar por tu cuerpo, por tu mente. Permite que se exprese internamente sin apurarlo ni retenerlo.

Y mientras sigues respirando, en el ritmo que ya está, nota si se mueve, si cambia, si se va. Entrégalo a la vida, al presente, al vacío.

Acompaña su movimiento y observa cómo se disuelve… tal cual el humo que sube y se pierde en el todo, como una ola que toca la orilla y regresa al mar.

Puedes repetir mentalmente:
"Lo dejo ser… y lo suelto."
"No lo niego. No me aferro. Lo dejo ser… y lo suelto."

Otra forma de practicar esta apertura es a través de la metáfora del zoológico emocional. Y así, cada día puedes notar quién vino de visita, sin necesidad de pelear, huir o retener.

Todo lo que viene, también se va. La vida fluye… si tú dejas de resistirla.

Libre, sin dueño

No es tu vida.
Es la vida,
tocándote al pasar.

La vida no se gana.
Se nota.

No gira con el carrusel,
se queda en donde está.
Inmóvil, como el centro de un torbellino.

Es más real que la forma,
más antigua que la historia,
está cuando dejas de intentar atraparla.

Cada encuentro es una puerta
por donde se asoma lo eterno,
lo constante.

La forma cambia.
La esencia permanece.
El milagro es recordarlo.

A veces basta una mirada
para evocar que
sabemos…
aunque no sepamos que lo sabemos.

Por dentro, el alboroto:
un zoológico emocional.

Ansiedad que ruge,
culpas sueltas,
tristezas camufladas,
alegrías en cautiverio.

La vida permanece,
libre, sin dueño,
de todos.

RODEADA DE PRESENTES

Simplemente, gracias.

A quienes han influido en mi ensayo de vida. Por el regalo de su estar, junto a la tarea de brindarnos libertad. Por los aprendizajes en su no estar, porque también la ausencia me llevó a buscar, a resolverme y a volver a mí.

Cristina Gutiérrez, mi "cuidadora editorial", que acompañó este texto con respeto, suavidad y claridad.

Mónica Ojeda, mi tutora de tesis, por sus consejos al inicio de este ensayo.

Tania y Rafa, cuyo apoyo en el hogar hace posible mi entrega cotidiana a la vocación.

Quienes compartieron camino, método o sagrados procesos, sin importar el rol del momento.

Compañeros perrunos, guardianes de lo simple y lo vivo.

Mi familia, mi raíz: los que llegaron primero.

Mi familia de amistades: que llegaron después.

Y Toño… mi gran presente. Por su propio ensayo, por compartir la vida, por estar, por apoyar —de múltiples formas— la manifestación de este escrito.

AUTORA

Claudia Elena Padilla

Autoobservarme fue el punto de partida. Descubrí que no necesitaba cambiarme, sino conocerme. Y al conocerme, elegirme; y al elegirme, dar el siguiente paso. Desde entonces vivo en un ensayo permanente que requiere presencia. En el camino se revelan los puntos ciegos: estamos expuestos al cambio, a las relaciones y a los eventos cotidianos que nos transforman.

Durante años me he formado de manera autodidacta y también en disciplinas diversas —científicas, espirituales y experimentales— sin saber que lo que realmente estaba entrenando era mi capacidad de mirar. He explorado desde la contaduría pública hasta el yoga; desde la microdosis con plantas medicinales y la psicosomática, hasta la hipnosis clínica, el Qigong, *Un curso de milagros*, la Comunicación no violenta, *The Work* de Byron Katie, la teoría polivagal, los estilos de apego y la escritura. A veces me lo tomé tan en serio que confundí el medio con la verdad, hasta que la autoobservación vino a rescatarme, recordándome que el medio nunca es el fin.

Lo que en un principio parecían caminos dispersos, hoy reconozco que convergen en un mismo propósito: el cuidado de la humanidad. Algunas de esas prácticas nacieron en lugares recónditos o bajo instituciones que se apropiaban de la salud o de lo espiritual; en el fondo comparten el impulso de cuidar, aun cuando ese cuidado se desvíe o se confunda. Entonces comprendí que era mi responsabilidad reconocer mis propias confusiones —y las que reproduzco del sistema—. La autoobservación apareció como una forma de volver, de cuidarme y de cuidar.

En este entramado, la autoobservación se volvió mi hilo conductor. Primero en mí, como práctica íntima; después, como forma de acompañar a otros que, al igual que yo, no buscan solo una teoría más, sino una práctica viva para habitar lo cotidiano.

"Hoy comparto la autoobservación como un camino sencillo y profundo: para aprender a mirarse, comprenderse y, desde ahí, elegir."

www.ingramcontent.com/pod-product-compliance
Lightning Source LLC
LaVergne TN
LVHW050957080826
845145LV00009B/2336

* 9 7 8 6 0 7 2 9 7 6 5 9 7 *